Deutsch

Grammatik

Inhalt

Verben

Das Verb

Verben sind Wörter, die eine **Handlung**, einen **Vorgang** oder einen **Zustand** beschreiben. Die **Grundform** des Verbs ist der **Infinitiv** mit der Endung *-(e)n*, z. B. *schlaf-en*. Lässt man die Endung weg, so erhält man den **Verbstamm** → *schlaf-*.

Verben **werden konjugiert**, das heißt sie werden, je nachdem *wer* handelt, *wann* er handelt usw. verändert. An einem konjugierten (finiten) Verb lassen sich insgesamt **vier Merkmale** ablesen:

➡ **die Person und der Numerus (Einzahl/Mehrzahl)**

	Singular	Plural
1. Person	*(ich) glaube*	*(wir) glauben*
2. Person	*(du) glaubst*	*(ihr) glaubt*
3. Person	*(er/sie/es) glaubt*	*(sie) glauben*

➡ **das Tempus (Zeit), z. B.**

Präsens	*(er) singt*	*(ich) gehe*
Perfekt	*(er) hat gesungen*	*(ich) bin gegangen*
Futur I	*(er) wird singen*	*(ich) werde gehen*

➡ **der Modus, z. B.**

Indikativ	*(er) bleibt*	*(sie) meint*
Konjunktiv I	*(er) bleibe*	*(sie) meine*

➡ **die Handlungsrichtung**

Aktiv	*(sie) ruft*	*(ihr) schlagt*
Passiv	*(sie) wird gerufen*	*(ihr) werdet geschlagen*

SCHWACHE VERBEN

Die schwachen Verben verändern ihren Stammvokal nicht.

Infinitiv (Grundform)	Präteritum	Partizip II
sagen	sagte	gesagt
tanzen	tanzte	getanzt
kaufen	kaufte	gekauft
fragen	fragte	gefragt

Die schwachen Verben bilden das Präteritum mit -*te*:
sagte, tanzte, kaufte, fragte

Das Partizip II der schwachen Verben endet auf -*t*:
gesagt, getanzt, gekauft, gefragt

STARKE VERBEN

Die starken Verben verändern ihren Stammvokal.

Infinitiv (Grundform)	Präteritum	Partizip II
trinken	trank	getrunken
treffen	traf	getroffen
laufen	lief	gelaufen
versprechen	versprach	versprochen

Die starken Verben bilden das Präteritum durch Veränderung des Stammvokals (Ablaut). Die 1. und 3. Person Singular erhalten keine Endung:
ich trank (aber: *wir trank*en), *er lief* (aber: *sie lief*en)

Das Partizip II endet bei den starken Verben auf -*en*:
getrunken, getroffen, gelaufen, versprochen

MISCHVERBEN

Wie die starken Verben verändern auch die Mischverben den Stammvokal.
Die Endungen sind dieselben wie bei den schwachen Verben: -te für das
Präteritum und -t für das Partizip II.

Infinitiv (Grundform)	Präteritum	Partizip II
denken	dachte	gedacht
rennen	rannte	gerannt
kennen	kannte	gekannt
wissen	wusste	gewusst

VERBEN MIT REGELMÄSSIGEN UND UNREGELMÄSSIGEN FORMEN

Es gibt Verben, die beim Präteritum und/oder beim Partizip II sowohl eine
regelmäßige als auch eine unregelmäßige Form haben. In den meisten
Fällen besteht jedoch ein Bedeutungsunterschied.

Infinitiv (Grundform)	Präteritum	Partizip II
senden (schicken)	sandte/sendete	gesandt/gesendet
*Wir **sandten** ihnen einen Gruß aus der Heimat.* *Die Firma hat mir die Ware direkt nach Hause **gesandt.***		
senden (ausstrahlen)	sendete	gesendet
*Das Fernsehen **sendet** heute eine interessante Dokumentation. Das Radio hat gestern plötzlich gar nichts mehr **gesendet.***		

Das Hilfsverb

Es gibt drei Hilfsverben: *haben*, *werden* und *sein*.

		haben	werden	sein
➡	Infinitiv	haben	werden	sein
➡	Präsens	*ich habe*	*ich werde*	*ich bin*
		du hast	*du wirst*	*du bist*
		er/sie/es hat	*er/sie/es wird*	*er/sie/es ist*
		wir haben	*wir werden*	*wir sind*
		ihr habt	*ihr werdet*	*ihr seid*
		sie haben	*sie werden*	*sie sind*
➡	Präteritum	*ich hatte*	*ich wurde*	*ich war*
		du hattest	*du wurdest*	*du warst*
		er/sie/es hatte	*er/sie/es wurde*	*er/sie/es war*
		wir hatten	*wir wurden*	*wir waren*
		ihr hattet	*ihr wurdet*	*ihr wart*
		sie hatten	*sie wurden*	*sie waren*

Diese Hilfsverben helfen den sogenannten Vollverben bei der **Bildung der zusammengesetzten Zeiten**:
*Oskar **hat** das Spiel **gewonnen**.*
*Wir **hatten** lange darüber **nachgedacht**.*
*Die Müllers **werden** ihren Vertrag **kündigen**.*
*Das Paket **ist** rechtzeitig **angekommen**.*

In bestimmten Fällen kann das **Hilfsverb** auch **als Vollverb** verwendet werden, das heißt es kann allein ein Prädikat bilden:
*Lenni **hat** ein neues Handy.* → *haben* im Sinne von *besitzen*
*Frau Winkler **wird** Mutter.* → *werden* im Sinne von *sich zu etwas entwickeln*

DAS HILFSVERB HABEN + VOLLVERB

Mit dem Hilfsverb *haben* bildet man das **Perfekt** und das **Plusquamperfekt** der meisten Verben.

Perfekt	*Paula **hat** den Luftballon **aufgeblasen.***
	*Sie **haben** ein Lagerfeuer **vorbereitet.***
Plusquamperfekt	*Der Verkäufer **hatte** die Ware bereits **einsortiert.***
	*Sie **hatten** die Karten schon **gekauft.***

DAS HILFSVERB WERDEN + VOLLVERB

Mit dem Hilfsverb *werden* bildet man das **Futur I** und das **Passiv**.

Futur I	*Ich **werde** mal **nachsehen.***
	*Der Polizist **wird** für die Sicherheit **sorgen.***
Passiv	*Der Patient **wird** heute **operiert.***
	*Die Kühe **werden** in den Stall **gebracht.***

DAS HILFSVERB SEIN + VOLLVERB

Mit dem Hilfsverb *sein* bildet man das **Perfekt** und **Plusquamperfekt** einiger Verben. Es wird außerdem zur Bildung des **Zustandspassivs** verwendet.

Perfekt	*Charlotte **ist** vom Pferd **gefallen.***
	*Wir **sind** durch den Wald **gelaufen.***
Plusquamperfekt	*Er **war** am Morgen schon zu spät **aufgewacht.***
	*Die Touristen **waren** bereits **eingetroffen.***
Zustandspassiv	*Der Tisch **ist gedeckt.***
	*Der Nachtisch **ist vorbereitet.***

Das Modalverb

Die Modalverben lauten *können*, *müssen*, *dürfen*, *sollen*, *wollen* und *mögen*.
Auf sie folgt der **Infinitiv ohne zu**. Man verwendet die Modalverben, um eine
bestimmte **Sprechabsicht auszudrücken**:

→	können	Erlaubnis, Fähigkeit, Möglichkeit	*Er **kann zaubern**.* ***Kann** ich **gehen**?*
→	müssen	Notwendigkeit, Pflicht	*Jakob und Noah **müssen** für die Arbeit **lernen**.* *Die Feuerwehr **muss** den Brand **löschen**.*
→	dürfen	Erlaubnis	*Du **darfst** gern **mitkommen**.*
→	sollen	Aufforderung, Empfehlung	*Ihr **sollt** endlich still **sein**!* *Sie **soll** mehr **trinken**.*
→	wollen	Wille, Wunsch, Absicht	*Anna **will** den Film unbedingt **sehen**.*
→	mögen	Wunsch (höflich)	***Magst** du **mitspielen**?* *Ich **möchte** jetzt nach Hause **gehen**.*

Das Modalverb kann manchmal auch die Rolle eines **Vollverbs** übernehmen,
das heißt es kann allein ein Prädikat bilden.
Kannst du Schach?
*Die Kinder **wollen/möchten** Schokolade.*
*Sie **soll** um 8 Uhr ins Bett.*

Meistens kann man sich dann einen Infinitiv hinzudenken:
Kannst du Schach (spielen)?
*Die Kinder **wollen/möchten** Schokolade (haben/essen).*
*Sie **soll** um 8 Uhr ins Bett (gehen).*

Infinitiv, Partizip I und Partizip II

Neben den finiten (konjugierten) Formen des Verbs, an denen man die Person, die Zeit, den Modus usw. ablesen kann, gibt es auch infinite Verbformen, die diese Informationen nicht enthalten und unveränderlich sind. Es sind der **Infinitiv**, das **Partizip I** und das **Partizip II**.

DER INFINITIV

Der Infinitiv ist die Verbform, die im Wörterbuch steht. Der Infinitiv endet meistens auf -*en*, gelegentlich nur auf -*n*: lern**en**, rat**en**, ess**en**, klinge**ln**, ruder**n**.

finitive Verbform	Infinitiv
(sie) träumt	träumen
(wir) riefen	rufen
(ich) käme	kommen

Es gibt zwei **mehrteilige Infinitive**:

den **Infinitiv Passiv** → *gelobt werden, beachtet werden*
den **Infinitiv Perfekt** → *geschlafen haben, gefallen sein*

Der Infinitiv wird bei der **Bildung des Futur I** und **nach den Modalverben** verwendet.

Infinitiv beim Futur I	Infinitiv nach Modalverben
Das Schiff wird am Samstag ankommen.	*Wir sollen den Lehrer fragen.*
Wir werden euch Bescheid sagen.	*Otto kann uns helfen.*

Infinitive können **substantiviert** werden, sie übernehmen dann die Funktion eines Nomens und werden großgeschrieben:
Das Singen macht uns sehr viel Spaß.
Sie ist ganz verschwitzt vom vielen Toben.

DAS PARTIZIP I

Zur Bildung des Partizip I (Partizip Präsens) wird an den Infinitiv ein *-d* angehängt: lachen**d**, streiten**d**, wissen**d**, raten**d**.

Oft drückt das Partizip I aus, dass eine **Handlung gleichzeitig zur „Haupthandlung"** des Satzes stattfindet.
Der Mann geht schweigend aus dem Raum. → gleichzeitig gehen und schweigen
Lotte fiel mir weinend um den Hals. → gleichzeitig fallen und weinen

Das Partizip I kann im Einzelnen gebraucht werden als:

→	**Adjektiv**	Es wird wie ein Adjektiv verändert. *Ich liebe duftendes Heu. Er hilft dem weinenden Kind.*
→	**Adverb**	Es ist wie das Adverb unveränderlich. *Die Eiche fiel krachend zu Boden*
→	**Nomen**	Es wird wie ein Nomen verändert und großgeschrieben. *Ein Außenstehender kann das nicht nachvollziehen. Den Alleinerziehenden wurde Hilfe versprochen.*
→	**Partizipialkonstruktion**	Es ersetzt dann einen Nebensatz. *Auf etwas anderes achtend übersieht sie die rote Ampel.* → *Sie übersieht die rote Ampel, weil sie auf etwas anderes achtet.*

DAS PARTIZIP II

Die Bildung des Partizip II (Partizip Perfekt) ist je nach Verbtyp unterschiedlich. Bei den starken Verben endet das Partizip II auf *-en* und bei den schwachen Verben und den Mischverben auf *-t*. Die meisten Verben erhalten außerdem das Präfix (Vorsilbe) *ge-*.

starke Verben	*rufen*	*gerufen*
	lesen	*gelesen*
schwache Verben	*fragen*	*gefragt*
	hören	*gehört*
Mischverben	*bringen*	*gebracht*
	rennen	*gerannt*

Wenn das Verb bereits eine Vorsilbe hat und diese betont ist, steht *ge-* erst nach der Vorsilbe: *einladen → eingeladen*; *vorfahren → vorgefahren*.

Das Partizip II wird **ohne** das Präfix *ge-* gebildet, wenn das Verb schon eine Vorsilbe hat, die **nicht** abgetrennt werden kann. Diese Vorsilbe ist immer unbetont: *zerstören → zerstört*; *bedenken → bedacht*; *verkaufen → verkauft*.

Das Partizip II wird zur **Bildung des Passivs** und der Zeiten **Perfekt, Plusquamperfekt** und **Futur II** verwendet.

Partizip II beim Passiv	*Die Haare werden kurz **geschnitten**.*
	*Der Popstar wurde **interviewt**.*
Partizip II für das Perfekt	*Leonie hat die Karten **ausgeteilt**.*
	*Wir sind nach Wien **geflogen**.*
Partizip II für das Plusquamperfekt	*Das Unwetter war schon **vorübergezogen**.*
	*Die Zuschauer hatten mehr **erwartet**.*
Partizip II für das Futur II	*Ich werde **angerufen** haben.*
	*Der Zug wird **abgefahren** sein.*

Das Partizip II kann im Einzelnen gebraucht werden als:

➡ **Adjektiv**

Es wird wie ein Adjektiv verändert.
*Das **eingestürzte** Haus stand in der Poststraße.*
*Er hat die **verfaulten** Bananen weggeworfen.*

➡ **Adverb**

Es ist wie das Adverb unveränderlich.
*Die Frau sah **beschämt** zu Boden.*
*Er mag das Fleisch nur **durchgebraten**.*

➡ **Nomen**

Es wird wie ein Nomen verändert und großgeschrieben.
*Ein Beamter führte den **Angeklagten** in den Saal.*
*Alle **Beteiligten** waren mit dem Vorschlag einverstanden.*

➡ **Partizipialkonstruktion**

Es ersetzt dann einen Nebensatz.
***Schwer verletzt** konnte der Fahrer das Fahrzeug nicht mehr aus eigener Kraft verlassen.*
*→ **Weil er schwer verletzt war**, konnte der Fahrer das Fahrzeug nicht mehr aus eigener Kraft verlassen.*
***Gerade erst angekommen** beginnst du schon den ersten Streit. → **Obwohl du gerade erst angekommen bist**, beginnst du schon den ersten Streit.*

Die reflexiven Verben

Das reflexive Verb wird auch *rückbezügliches Verb* genannt. Es beschreibt das erhältnis zwischen dem Urheber einer Handlung und dem Betroffenen: Jemand macht etwas mit sich selbst. Reflexive Verben werden immer mit einem Reflexivpronomen verbunden.

	Reflexives Verb	Reflexivpronomen
Ich	*schäme*	*mich.*
Du	*schämst*	*dich.*
Er/Sie/Es	*schämt*	*sich.*
Wir	*schämen*	*uns.*
Ihr	*schämt*	*euch.*
Sie	*schämen*	*sich.*

Man unterscheidet zwischen *echten* reflexiven Verben und *unechten* reflexiven Verben.

➡ Bei den **echten reflexiven Verben** muss **immer ein Personalpronomen** stehen. Man kann nicht sagen *„Ich schäme."* Es handelt sich bei *schämen* also um ein echtes reflexives Verb. Dazu zählen auch: *sich ausruhen, sich verspäten, sich wundern, sich verlaufen* …

➡ Bei den **unechten reflexiven Verben** kann das **Personalpronomen entfallen**. Das Verb kann also reflexiv und nicht-reflexiv gebraucht werden. Dabei ändert sich der Sinn der Aussage:
reflexiv gebraucht   *Die Mutter **wäscht sich**.*
nicht reflexiv gebraucht   *Die Mutter **wäscht ihr Kind**.*
Die Mutter ist Urheberin der Handlung. Im ersten Fall ist sie zusätzlich die Betroffene, mit der etwas geschieht. Im zweiten Fall ist die Tochter die Betroffene. Weitere unechte reflexive Verben sind: **sich anziehen, sich retten, sich kämmen, sich beruhigen, sich erschrecken** …

Die Zeitformen des Verbs

Das Verb kann in **sechs** verschiedenen **Zeitformen** (Tempusformen/Tempora) stehen. Mithilfe dieser Zeitformen wird das Gesagte zeitlich eingeordnet: Das **Präsens** drückt die Gegenwart aus (das heißt etwas geschieht im Augenblick des Sprechens oder Schreibens), **Perfekt**, **Plusquamperfekt** und **Präteritum** drücken Vergangenes aus und **Futur I** und **Futur II** beziehen sich auf Zukünftiges.

DAS PRÄSENS

Das Präsens wird aus dem Verbstamm und den Endungen *-e*, *-st*, *-t*, *-en*, *-t* und *-en* gebildet.

denken	lieben
ich denke	*ich liebe*
du denkst	*du liebst*
er/sie/es denkt	*er/sie/es liebt*
wir denken	*wir lieben*
ihr denkt	*ihr liebt*
sie denken	*sie lieben*

Beachte: Der Infinitiv hat dieselbe Endung wie das Präsens der 1. und 3. Person Plural, und zwar *-en*. Da die Formen somit identisch sind, wird ihre Funktion erst im Kontext deutlich.
*Die Uhren **gehen** genau eine Minute vor.* → Präsens
*Die Schüler können jetzt nach Hause **gehen**.* → Infinitiv

Das Präsens drückt vor allem Folgendes aus:

→ **gegenwärtiges Geschehen** (also das, was zum Zeitpunkt des
Sprechens/Schreibens geschieht)
*Timo **geht** (gerade) mit Lorenz in die Mensa.*
*Rosa **klebt** die Briefmarke auf den Brief.*

→ **regelmäßige Handlungen**
*Wir **fahren** im Sommer immer mit unseren Freunden in den Urlaub.*
*Samstags **geht** Nina reiten.*

→ **allgemeingültige Tatsachen**
*Rauchen **schadet** der Gesundheit.*
*Auf den Blitz **folgt** der Donner.*

→ **zukünftiges Geschehen** (anstelle des Futur I, vor allem in der
Umgangssprache)
*Morgen **gehen** wir ins Kino.*
*Nächste Woche **halte** ich ein Referat.*

→ **vergangenes Geschehen** (um eine Erzählung lebendiger wirken zu
lassen)
*Gestern ist uns etwas Lustiges passiert. Wir **spazieren** so durch den Park.*
*Die Kinder **füttern** die Enten. Und plötzlich **taucht** da eine Gruppe*
Karnevalisten vor uns auf ...

DAS PERFEKT

Das Perfekt wird mit dem Hilfsverb *haben* bzw. *sein* im Präsens und dem Partizip II (Partizip Perfekt) gebildet.

	haben/sein **im Präsens**		**Partizip II**
Mein Onkel	**hat**	*ein Haus*	**gekauft.**
Wir	**haben**	*die Küche noch*	**aufgeräumt.**
Ich	**bin**	*zu Fuß*	**gegangen.**
Einige Fans	**sind**	*auf das Spielfeld*	**gestürmt.**

Die meisten Verben bilden das Perfekt mit dem Hilfsverb *haben*:
*Er **hat** den Schlüssel **verloren**.*

Die **Verben der Bewegung** bilden das Perfekt mit dem Hilfsverb *sein*:
*Wir **sind gefahren**.*

Führen diese Verben ein Akkusativobjekt mit sich, wird das Perfekt jedoch mit *haben* gebildet:
*Wir **haben** meine Schwester zu ihrer Freundin **gefahren**.*

Auch die **Verben der Veränderung** verwenden im Perfekt das Hilfsverb *sein*:
*Das Kind **ist eingeschlafen**.*

Ebenso **die Verben** *sein* und *bleiben*:
*Ich **bin** allein **gewesen**. Sie **ist** zu Hause **geblieben**.*

Das Perfekt wird verwendet für **vergangenes Geschehen** (vor allem wenn das Ergebnis des Geschehens/der Handlung für die Gegenwart wichtig ist):
*Ich muss leider absagen. Ich **habe** mir gestern den Fuß **gebrochen**.*
*Es kann direkt losgehen. Wir **haben** schon alles **vorbereitet**.*

DAS PLUSQUAMPERFEKT

Wie das Perfekt wird auch das Plusquamperfekt mit dem Hilfsverb *haben* bzw. *sein* und dem Partizip II (Partizip Perfekt) gebildet. Das Hilfsverb steht beim Plusquamperfekt im Präteritum.

	haben/sein im Präteritum		Partizip II
Finn	**hatte**	*ihr das Buch*	**geschenkt.**
Sie	**hatten**	*das nicht*	**erwartet.**
Ich	**war**	*durch den ganzen See*	**geschwommen.**
Wir	**waren**	*erst gegen 9 Uhr*	**abgefahren.**

Bei der Verwendung der Hilfsverben *haben* und *sein* gelten dieselben Regeln wie beim Perfekt. Die meisten Verben bilden das Plusquamperfekt mit *haben*:
*Er **hatte** das Plakat selbst **entworfen**.*

Die **Verben der Bewegung** bilden das Perfekt mit *sein*: *Lilly **ist** sehr schnell **geschwommen**.* Führen diese Verben ein Akkusativobjekt mit sich, wird das Plusquamperfekt jedoch mit *haben* gebildet:
*Sie **hat** ihre neue Bestzeit **geschwommen**.*

Auch die **Verben der Veränderung** verwenden im Plusquamperfekt das Hilfsverb *sein*: *Sein Vater **war** schon früh **gestorben**.*

Ebenso **die Verben *sein* und *bleiben***:
*Sie **waren** zu fünft **gewesen**. Ich **war** noch im Bett **geblieben**.*

Das Plusquamperfekt wird verwendet für **die Vorzeitigkeit in der Vergangenheit** (und tritt darum sehr häufig zusammen mit dem Präteritum auf):
*Als wir in der Schule ankamen, **hatte** es bereits zur ersten Stunde **geläutet**.* →
Das erste Geschehen ist das Läuten (Plusquamperfekt). Danach folgt das Ankommen in der Schule (Präteritum).

DAS PRÄTERITUM

Bei den **schwachen Verben** wird das Präteritum aus dem Verbstamm (Infinitiv ohne -en → *sag*-en) und den Endungen -*te*, -*test*, -*te*, -*ten*, -*tet*, und -*ten* gebildet.

sag-en		frag-en	
ich sag**te**	wir sag**ten**	ich frag**te**	wir frag**ten**
du sag**test**	ihr sag**tet**	du frag**stest**	ihr frag**tet**
er/sie/es sag**te**	sie sag**ten**	er/sie/es frag**te**	sie frag**ten**

Bei den **starken Verben** wird das Präteritum aus dem veränderten Verbstamm (Ablaut) und den Endungen -, -*st*, -, -*en*, -*t* und -*en* gebildet.

tr**e**ff-en → traf		r**u**f-en → rief	
ich traf	wir traf**en**	ich rief	wir rief**en**
du traf**st**	ihr traf**t**	du rief**st**	ihr rief**t**
er/sie/es traf	sie traf**en**	er/sie/es rief	sie rief**en**

Bei den **Mischverben** wird das Präteritum wie bei den starken Verben aus dem veränderten Verbstamm (Ablaut) gebildet. Die Endungen lauten wie für die schwachen Verben -*te*, -*test*, -*te*, -*ten*, -*tet*, und -*ten*.

r**e**nn-en → rann-te		br**i**ng-en → brach-te	
ich rann**te**	wir rann**ten**	ich brach**te**	wir brach**ten**
du rann**test**	ihr rann**tet**	du brach**test**	ihr brach**tet**
er/sie/es rann**te**	sie rann**ten**	er/sie/es brach**te**	sie brach**ten**

Das Präteritum wird verwendet:

→ für **vergangenes Geschehen**, das abgeschlossen ist und keinen direkten Bezug mehr zu Gegenwart hat (das Ergebnis des Geschehens/der Handlung für die Gegenwart nicht wichtig ist)

*Als Kind **las** er gern Abenteuerromane.*
*Wir **lebten** damals auf dem Land.*

→ in Berichten und Erzählungen
*Ein Passant **bemerkte** den herrenlosen Koffer und **rief** die Polizei.*
*Der König **wohnte** in einem großen Schloss.*

DAS FUTUR I

Das Futur I wird mit dem Hilfsverb *werden* im Präsens und dem Infinitiv gebildet.

	werden		Infinitiv
Amelie	**wird**	*im Sommer die Schule*	**wechseln.**
Wir	**werden**	*das Boot*	**verkaufen.**
Ich	**werde**	*dir das noch einmal*	**erklären.**

Das Futur I drückt aus:

→ **zukünftiges Geschehen**
*Die Belegschaft **wird** am Montag die Arbeit **niederlegen.***

→ **eine Prognose**
*Am Sonntag **wird** es **schneien.***

→ **eine feste Absicht**
*Ab heute **werde** ich regelmäßig zum Sport **gehen.***

➡ **eine Vermutung**
*Leo fehlt. Er **wird** wohl krank **sein.***

➡ **eine Aufforderung**
*Du **wirst** mir jetzt mal **zuhören!***

DAS FUTUR II

Das Futur II wird mit dem Hilfsverb *werden* im Präsens, dem Partizip II
(Partizip Perfekt) und dem Infinitiv des Hilfsverbs *haben* bzw. *sein* gebildet.

	werden im Präsens		Partizip II	Infinitiv von *haben/sein*
Die Katze	**wird**	*die Maus*	**gejagt**	**haben.**
Wir	**werden**	*dann schon*	**gegessen**	**haben.**
Ich	**werde**	*um Mitternacht längst*	**angekommen**	**sein.**

Bei der Verwendung der Hilfsverben *haben* und *sein* gelten dieselben Regeln
wie beim Perfekt. Die meisten Verben bilden das Futur II mit *haben*. Die
Verben der Bewegung und **der Veränderung** verlangen in der Regel das
Hilfsverb *sein*. Auch **die Verben sein** und **bleiben** bilden das Futur II mit *sein*:
*Wo **werden** die Mädchen **gewesen sein**? Er **wird** sicher gesund **geblieben sein**.*

Das Futur II drückt aus:

➡ **ein in der Zukunft abgeschlossenes Geschehen**
*Wenn das Semester beginnt, **wird** er schon die ersten Freunde
gefunden haben.*

➡ **eine Vermutung über ein vergangenes Geschehen**
*Jonathan **wird** den Zug noch **erreicht haben**.*
*Es **wird** so gegen 11 Uhr **gewesen sein**.*

Der Modus des Verbs

Der Modus eines Verbs gibt an, **wie die Aussage des Satzes zu verstehen ist** oder wie der Sprecher zu dieser Aussage steht.

Es gibt drei Modi: **Indikativ**, **Konjunktiv** (I und II) und **Imperativ**.

DER INDIKATIV

Der Indikativ ist der am häufigsten verwendete Modus. Er beschreibt, was **tatsächlich** ist, war oder sein wird und wird darum auch **Wirklichkeitsform** genannt. Der Indikativ hat kein eigenes Moduszeichen.
*Der Hund **bellt**.*
*Ich **hatte** das nur **geträumt**.*
*Tim **hat** das Bonbon **gegessen**.*
*Sie **werden** die Sauna am Freitag **schließen**.*

DER KONJUNKTIV

Der Konjunktiv ist die sogenannte **Möglichkeitsform**. Er drückt aus, dass etwas **möglicherweise gar nicht geschieht oder geschehen ist**, dass es nur denkbar ist. Es gibt zwei Formen des Konjunktivs, den **Konjunktiv I** und den **Konjunktiv II**.
*Herr Flink sagt, dass er immer mit seiner Frau in den Supermarkt **gehe**.*
*Er findet, das **sei** selbstverständlich.*
***Hätten** Sie mal einen Moment Zeit für mich?*

DER KONJUNKTIV I

Der Konjunktiv I wird mit dem Verbstamm (Infinitiv ohne *-en* → **lach**-*en*) und den Endungen *-e, -est, -e, -en, -et,* und *-en* gebildet. Es gibt im Konjunktiv I keinen Ablaut, das heißt der Stamm der starken Verben und der Mischverben wird nicht verändert.

schwaches Verb *lach-en*	starkes Verb *schreib-en*	Mischverb *wiss-en*
ich lache	*ich schreibe*	*ich wisse*
du lachest	*du schreibest*	*du wissest*
er/sie/es lache	*er/sie/es schreibe*	*er/sie/es wisse*
wir lachen	*wir schreiben*	*wir wissen*
ihr lachet	*ihr schreibet*	*ihr wisset*
sie lachen	*sie schreiben*	*sie wissen*

In einigen Fällen stimmen die Formen des Indikativs (Präsens) mit denen des Konjunktivs überein. Dann kann man zur Verdeutlichung entweder den Konjunktiv II (s. u.) zu Hilfe nehmen oder man greift auf Ersatzformen mit *würde* zurück.

Indikativ Präsens = Konjunktiv I		Konjunktiv II	Ersatzform mit *würde*
ich lache	*ich lache*	*ich lachte*	*ich würde lachen*
wir lachen	*wir lachen*	*wir lachten*	*wir würden lachen*
sie lachen	*sie lachen*	*sie lachten*	*sie würden lachen*

Durchaus üblich ist der Konjunktiv I bei den Verben *sein, haben, werden* und *sollen*: *es sei, er habe, es werde, man solle.*

Der Konjunktiv I wird in erster Linie verwendet:

➡ **in der indirekten Rede** (um das, was jemand anderes sagt oder gesagt
hat, wiederzugeben)

*Tom sagt, er **komme** ohne seine Schwester.*
*Meine Eltern meinen, das Handy **sei** zu teuer.*

Daneben wird der Konjunktiv I gelegentlich auch gebraucht:

➡ **bei Wünschen**
*So **sei** es. Er **lebe** hoch!*

➡ **bei Aufforderungen und Anweisungen**
*Man **folge** mir unauffällig.*
*Man **gebe** eine Messerspitze Salz hinzu.*

DER KONJUNKTIV II

Der Konjunktiv II wird mit dem Stamm des Präteritums und den Endungen
-(t)e, -(t)est, -(t)e, -(t)en, -(t)et, und -(t)en gebildet. Die starken Verben und die
Mischverben haben oft zusätzlich einen Umlaut.

	Präteritum	Konjunktiv II	
schwaches Verb *glaub-en*	sie **glaub**-ten	ich glaubte	wir glaubten
		du glaubtest	ihr glaubtet
		er/sie/es glaubte	sie glaubten
starkes Verb *wachs-en*	sie **wuchs**-en	ich wüchse	wir wüchsen
		du wüchsest	ihr wüchset
		er/sie/es wüchse	sie wüchsen
Mischverb *wiss-en*	sie **wuss**-ten	ich wüsste	wir wüssten
		du wüsstest	ihr wüsstet
		er/sie/es wüsste	sie wüssten

Der Konjunktiv II hat auch eine **Vergangenheitsform** mit *hätte* bzw. *wäre*:
er hätte angerufen, wir wären eingesprungen.

Nur in den Fällen mit Umlaut unterscheiden sich die Formen des Konjunk-
tiv II von den Formen des Präteritum (Indikativ). Bei den schwachen Verben,
die keinen Umlaut bilden, sind die Formen somit identisch. Um hier für Ein-
deutigkeit zu sorgen, weicht man häufig auf die Ersatzform mit *würde* aus.

Indikativ Präsens = Konjunktiv II		Ersatzform mit *würde*
ich baute	ich baute	ich würde bauen
du bautest	du bautest	du würdest bauen
er/sie/es/baute	er/sie/es/baute	er/sie/es würde bauen
wir bauten	wir bauten	wir würden bauen
ihr bautet	ihr bautet	ihr würdet bauen
sie bauten	sie bauten	sie würden bauen

Ansonsten lässt sich häufig auch aus dem Textzusammenhang erkennen, ob es sich um den Indikativ Präteritum oder den Konjunktiv II handelt:

Indikativ Präteritum	Konjunktiv II
*Wir **bauten** unser Haus, als die Kinder noch jung waren.*	*Wenn wir doch endlich ein Haus **bauten** ...*

Auch wenn eine Form des Konjunktiv II veraltet wirkt, greift man auf die Ersatzform mit *würde* zurück:
er hülfe → er würde helfen
sie büke → sie würde backen
wir kennten → wir würden kennen

Bei kurzen, häufig verwendeten Verben sind die Konjunktiv-II-Formen noch sehr geläufig, so z. B. bei *sein, haben, kommen, können* und *wissen*: *er wäre, wir hätten, ich käme, sie könnten, du wüsstest.*

Der Konjunktiv II wird in erster Linie verwendet, um eine Aussage als **unwirklich**, d. h. **irreal** darzustellen. Der Konjunktiv II wird darum auch *Irrealis* genannt. Hier lassen sich folgende Fälle unterscheiden:

→ **der irreale Konditionalsatz** (die Bedingung ist nicht, nicht mehr oder kaum erfüllbar)
*Wenn sie ein Junge **wäre**, hätte sie es leichter.*
*Wenn ich **gewonnen hätte**, hätte ich eine Weltreise gemacht.*

→ **der irreale Konzessivsatz** (mit *obwohl*)
*Nun gut, ich leihe dir das Geld, obwohl ich das besser nicht **täte**.*
*Sedef ist mitgegangen, obwohl sie lieber hier **geblieben wäre**.*

→ **der irreale Wunsch**
*Wenn er das bloß sehen **könnte** ...*
***Hätte** er bloß auf mich **gehört** ...*

➡ **der irreale Vergleich** (mit *als, als ob, als wenn*)

*Paul verhält sich, als **wäre** er nicht ganz bei Verstand.*
*Du redest, als ob du alles **wüsstest**.*

Der Konjunktiv II steht außerdem bei:

➡ **einer höflichen Bitte oder einem Wunsch**

***Könntest** du mir mal das Brot reichen.*

➡ **einem Ratschlag**

*Sie **sollten** sich noch etwas schonen.*

➡ **einer ungläubigen Frage**

***Sollte** er bei seiner Angst vor Spritzen wirklich Arzt werden?*

➡ **der indirekten Rede**, wenn man das, was jemand anderes gesagt hat, wiedergibt, aber selber anzweifelt:

*Sie behauptet, sie **hätte** das niemals **gesagt**.*
(→ was der Sprecher aber bezweifelt)

DER IMPERATIV

Der Imperativ ist der **Modus der Aufforderung und des Befehls**. Er wird darum auch **Befehlsform** genannt. Die Aufforderung kann an eine oder mehrere Personen gerichtet sein, die man entweder duzt oder siezt: *Pass mal auf! – Passt mal auf! – Passen Sie mal auf!* Man unterscheidet darum **drei verschiedene Formen** des Imperativs, die 2. Person Singular, die 2. Person Plural und die Höflichkeitsform (Singular und Plural).

Die Imperativformen werden gebildet mit dem Verbstamm (Infinitiv ohne *-en*) und den Endungen *(-e)*, *-t* und *-en*.

Verbstamm	2. Person Singular	2. Person Plural	Höflichkeitsform Singular/Plural
hol-*en*	*hol*(e)	*holt*	*holen (Sie)*
trink-*en*	*trink*(e)	*trinkt*	*trinken (Sie)*
komm-*en*	*komm*	*kommt*	*kommen (Sie)*

Oft entfällt das *-e* in der 2. Person Singular, weil die Form mit *-e* zu förmlich klingt. Das *-e* muss allerdings meistens stehen, wenn der Verbstamm auf mehrere Konsonanten oder auf *-ig* endet: *achte, lüfte, starte, berichtige, entschuldige.*

Bei den Verben, die den Stammvokal von *-e-* zu *-i-* wechseln (Ablaut) wird der Imperativ der 2. Person Singular vom Indikativ der 2. Person Singular (Präsens) abgeleitet und das *-e* am Ende der Imperativform entfällt.

	2. Person Singular Präsens Indikativ	2. Person Singular Imperativ	2. Person Plural Imperativ
essen	*du isst*	*iss*	*esst*
geben	*du gibst*	*gib*	*gebt*
helfen	*du hilfst*	*hilf*	*helft*

Das Verb *sein* hat spezielle Formen: *sei, seid, seien (Sie).*

Das Aktiv und das Passiv

Eine Handlung kann aus zwei Perspektiven betrachtet werden. Man spricht hier auch von **Handlungsrichtungen**. Wird die Handlung aus Sicht des Urhebers dargestellt, verwendet man das **Aktiv**. Der Urheber ist dann Subjekt des Satzes.

Jasper grüßt Hanna.
Maja stellt die Blumen in die Vase.
Opa liest die Zeitung.

Wird die Handlung aus Sicht des Betroffenen dargestellt, verwendet man das **Passiv**. Der Betroffene ist dann Subjekt des Satzes.

Hanna wird von Jasper gegrüßt.
Die Blumen werden von Maja in die Vase gestellt.
Die Zeitung wird von Opa gelesen.

Das **Objekt des Aktivsatzes** wird zum **Subjekt des Passivsatzes**: *Wen oder was* grüßt Jasper? → Hannah (Akkusativobjekt) – *Wer oder was* wird von Jasper gegrüßt? → Hannah (Subjekt).

Der Urheber der Handlung wird im Passivsatz mit *von* angeschlossen → *von Jasper*.

Die Ergänzung mit *von* entfällt, wenn:

> → die Handlung im Vordergrund steht und betont werden soll.
> *Der Turm wurde gesprengt.*

> → der Urheber der Handlung bewusst nicht genannt werden soll, z. B. um ihn zu schützen.
> *Der Firmenchef wurde heute angezeigt.*

> → der Urheber der Handlung unbekannt ist.
> *Die Bank wurde in den frühen Morgenstunden ausgeraubt.*

DAS VORGANGSPASSIV UND DAS ZUSTANDSPASSIV

Man unterscheidet zwei Arten des Passivs: Das Vorgangspassiv und das Zustandspassiv. Das Vorgangspassiv beschreibt den **Vorgang** der Handlung: *Das Haus wird verkauft*. Das Zustandspassiv beschreibt das **Ergebnis** der Handlung: *Das Haus ist verkauft*.

Das **Vorgangspassiv wird gebildet** mit einer Form des Hilfsverbs *werden* und dem Partizip II (Partizip Perfekt):

	Hilfsverb *werden*	Partizip II
Die Fahrbahn	*wird*	*erneuert.*
Die Hefte	*werden*	*eingesammelt.*
Ich	*werde*	*gelobt.*

Das **Zustandspassiv wird gebildet** mit einer Form des Hilfsverbs *sein* und dem Partizip II:

	Hilfsverb *sein*	Partizip II
Die Haare	*sind*	*gefärbt.*
Das Bad	*ist*	*geputzt.*
Der Tisch	*ist*	*gedeckt.*

Die Beispiele zeigen: Es wird immer nur das Hilfsverb angepasst (konjugiert), das Partizip II bleibt unverändert.

DIE ZEITEN DES PASSIVS

Beide Passivarten können **in allen Zeiten** stehen und verändern dabei nur die Form des Hilfsverbs. Je nach Zeit wird *werden* oder *sein* verwendet. Das Hilfsverb ist im Perfekt, Plusquamperfekt und Futur mehrteilig.

		Vorgangspassiv	Zustandspassiv
➡	Präsens	*Die Burg **wird** zerstört.*	*Die Burg **ist** zerstört.*
➡	Perfekt	*Die Burg **ist** zerstört **worden**.*	*Die Burg **ist** zerstört **gewesen**.*
➡	Plusquamperfekt	*Die Burg **war** zerstört **worden**.*	*Die Burg **war** zerstört **gewesen**.*
➡	Präteritum	*Die Burg **wurde** zerstört.*	*Die Burg **war** zerstört.*
➡	Futur I	*Die Burg **wird** zerstört **werden**.*	*Die Burg **wird** zerstört **sein**.*
➡	Futur II	*Die Burg **wird** zerstört **worden sein**.*	*Die Burg **wird** zerstört **gewesen sein**.*

ALTERNATIVEN ZUM PASSIV

Wenn der Urheber der Handlung nicht genannt werden soll, kann man auch auf Formulierungen mit *es* oder *man* ausweichen:

Es wird immer wieder Kritik geäußert.
Es wurde lebhaft diskutiert.
Man ehrt den Sieger mit einem Pokal.
Man wird zuerst die Bürger nach ihrer Meinung fragen.

Substantive (Nomen)

Das Nomen

Nomen (auch *Substantive* oder *Hauptwörter* genannt) bezeichnen Personen und Gegenstände sowie abstrakte Dinge wie *Zeit* oder *Glück* (Abstrakta). Die Nomen werden immer großgeschrieben. Sie werden in der Regel von Artikeln begleitet → *das Auto*, *eine Blume*, *die Kinder*. Außerdem kann ein weiterer Begleiter vor dem Nomen stehen, z. B. ein Adjektiv → *das große Auto*, *die bunte Blume*, *die lieben Kinder*.

Es gibt **einfache Nomen** wie *Haus* oder *Schüssel* und es gibt **zusammengesetzte Nomen**.

ZUSAMMENGESETZTE NOMEN

Setzt sich ein Nomen aus zwei oder mehr einzelnen Nomen zusammen, so spricht man auch von einem *Kompositum*. Das letzte dieser Nomen ist jeweils das **Grundwort**, nach dem sich der Artikel richtet. Die Wörter vor dem Grundwort nennt man **Bestimmungswörter**. Sie bestimmen also das Grundwort näher.

Grundwort + 1 Bestimmungswort:

(die) Haustür   *Was für eine Tür? → die am Haus*

(das) Küchengerät   *Was für ein Gerät? → das für die Küche*

Grundwort + 2 Bestimmungswörter:

(der) Haustürschlüssel   *Was für ein Schlüssel? → der für die Haustür*

(die) Stromersatzanlage   *Was für eine Anlage? → die für den Stromersatz*

Auch Wörter, die zu anderen Wortarten zählen, können **substantiviert** werden und als Nomen auftreten.

Die Kinder **spielen** *gern.* → *Das Spielen* *macht ihnen viel Spaß.*

Amelie trägt ein **gelbes** *Kleid.* → *Das Gelb* *steht ihr sehr gut.*

KONKRETUM

Ein Konkretum (Gegenstandswort) ist ein Nomen, das **etwas Konkretes, Fassbares** bezeichnet. Die Konkreta lassen sich in viele verschiedene Kategorien unterteilen, z. B.:

- ➡ **Gattungsbezeichnungen:** *Mensch, Tier, Insekt, Hund*
- ➡ **Sammelbezeichnungen:** *Familie, Gefieder, Obst*
- ➡ **Eigennamen:** *Meier, Mallorca, Himalaja, Donau*
- ➡ **Stoffbezeichnungen:** *Milch, Wasser, Eisen, Beton*

ABSTRAKTUM

Ein Abstraktum (Begriffswort) ist ein Nomen, das **etwas Nichtgegenständliches** bezeichnet. Auch hier lassen sich einige Kategorien unterscheiden, z. B.:

- ➡ **etwas Gedachtes:** *Gedanke, Idee, Sorge, Träumerei*
- ➡ **Gefühle:** *Trauer, Entsetzen, Liebe, Hass, Glück, Stolz*
- ➡ **Eigenschaften:** *Besonnenheit, Schüchternheit, Freundlichkeit*

Die meisten Abstrakta können jedoch nicht eingeordnet werden:
Zeit, Seele, Musik, Versagen, Wissenschaft, Kunst …

FREMDWÖRTER

Es gibt im Deutschen viele Fremdwörter, die aus anderen Sprachen übernommen wurden. Ihre Schreibung wird dabei nicht an das Deutsche angepasst, sodass man sie sich genau einprägen muss.
Crème fraîche, Rendezvous, Hip-Hop, Memoiren, Prophylaxe

Der Genus

Jedes Nomen hat ein Genus (grammatisches Geschlecht).

MASKULINUM – FEMININUM – NEUTRUM

Das Genus des Nomens kann man am Artikel erkennen.

➡	**Maskulinum**	*der Wagen, der Junge, der Mut, der Beamte*
➡	**Femininum**	*die Flasche, die Mutter, die Waage*
➡	**Neutrum**	*das Spielzeug, das Bild, das Ereignis*

Vorsicht: Das grammatische Geschlecht stimmt nicht immer mit dem natür-lichen Geschlecht überein → *das* Mädchen.

Manchmal kann ein Nomen zwei verschiedene Artikel mit sich führen. Dann handelt es sich in der Regel um zwei verschiedene Wörter mit ganz unter-schiedlicher Bedeutung:
der See – die See, das Tau – der Tau, der Kiefer – die Kiefer, das Pony – der Pony

Einige Nomen haben **zwei mögliche Genera**:
der Joghurt/das Joghurt, der Virus/das Virus, die E-Mail/das E-Mail

Zum Teil kann man das Genus auch an der Endung des Nomens erkennen. Nomen auf *-in*, *-keit* oder *-ung* sind meistens feminin: *die Kundin, die Heiter-keit, die Meinung.*

Nomen auf *-ig* und *-ling* sind meistens maskulin: *der Käfig, der Lehrling.*

Der Numerus

SINGULAR UND PLURAL

Ein Nomen kann im **Singular (Einzahl)** und im **Plural (Mehrzahl)** stehen.
Man spricht dabei vom *Numerus* des Nomens. Der Numerus wird durch den
Artikel und durch die Endung bzw. Form des Nomens angegeben:
der Ball → die Bälle, die Prüfung → die Prüfungen, das Tablett → die Tabletts

Der Plural eines Nomens wird meistens mit den Endungen *-e, -en, -n, -er*
oder *-s* gebildet. Dabei entsteht manchmal auch ein Umlaut.

→	Plural mit *-e*	*das Brot → die Brote, der Stift → die Stifte*
→	Plural mit *-e* + Umlaut	*der Hut → die Hüte, der Ball → die Bälle*
→	Plural mit *-en*	*die Entscheidung → die Entscheidungen,*
		die Frau → die Frauen
→	Plural mit *-n*	*die Klage → die Klagen; der Name → die Namen*
→	Plural mit *-er*	*das Kind → die Kinder, das Bild → die Bilder*
→	Plural mit *-er* + Umlaut	*das Tuch → die Tücher, der Wald → die Wälder*
→	Plural mit *-s*	*das Auto → die Autos, das Tablett → die Tabletts*

Darüber hinaus gibt es die sogenannte *Nullendung*, d. h. das Nomen hat
keine eigene Pluralendung, den Plural erkennt man dann gegebenenfalls am
Artikel: *der Lehrer → die Lehrer; der Teller → die Teller, das Kissen → die Kis-
sen.* Bei einigen Nomen mit Nullendung für den Plural wird der Plural durch
den Umlaut deutlich, z. B. der *Vogel → die Vögel.*

Manche Nomen kommen ausschließlich im Singular vor, z. B. *die Butter,* an-
dere nur im Plural, z. B. *die Leute.*

Der Kasus

Nomen stehen im Satz immer in einem bestimmten Kasus, d. h. in einem *grammatischen Fall*. Es gibt vier Fälle:

1. Fall: **Nominativ**   (wer oder was?)   *Das Haus* ist schön.
2. Fall: **Genitiv**   (wessen?)   Das Ende *des Films* ist traurig.
3. Fall: **Dativ**   (wem?)   Tom gibt *Paula* einen Kuss.
4. Fall: **Akkusativ**   (wen oder was?)   Sie backt *einen Kuchen*.

Oft kann man den Kasus am Artikel und manchmal auch an der Form des Nomens erkennen: **des** Vater**s**, **der** Katze, **den** Schüler**n**, **einen** Jungen

➡   Beispiel für ein Maskulinum: *der Tisch*

	Singular	Plural
Nominativ	*der Tisch*	*die Tische*
Genitiv	*des Tisches*	*der Tische*
Dativ	*dem Tisch*	*den Tischen*
Akkusativ	*den Tisch*	*die Tische*

➡   Beispiel für ein Femininum: *die Uhr*

	Singular	Plural
Nominativ	*die Uhr*	*die Uhren*
Genitiv	*der Uhr*	*der Uhren*
Dativ	*der Uhr*	*den Uhren*
Akkusativ	*die Uhr*	*die Uhren*

➡   Beispiel für ein Neutrum: *das Buch*

	Singular	Plural
Nominativ	*das Buch*	*die Bücher*
Genitiv	*des Buches*	*der Bücher*
Dativ	*dem Buch*	*den Büchern*
Akkusativ	*das Buch*	*die Bücher*

Die Deklination

Die Anpassung des Nomens in Genus, Numerus und Kasus nennt man *Deklination* (Beugung). Das Nomen wird also *dekliniert* (gebeugt). Die Nomen werden nach bestimmten Mustern dekliniert, sodass sie grob in drei verschiedene Deklinationsklassen eingeteilt werden können.

DIE STARKE DEKLINATION

Bei der starken Deklination wird der Genitiv Singular bei maskulinen und neutralen Nomen mit *-s* bzw. *-es* gebildet, bei femininen Nomen ist der Genitiv Singular endungslos. Der Dativ Plural endet bei allen Nomen auf *-n bzw. -en*. Oft ändert sich zusätzlich der Stammvokal (Umlaut).

➡ **Maskulinum**

	Singular	Plural
Nominativ	*der Baum*	*die Bäume*
Genitiv	*des Baumes*	*der Bäume*
Dativ	*dem Baum*	*den Bäumen*
Akkusativ	*den Baum*	*die Bäume*

➡ **Femininum**

	Singular	Plural
Nominativ	*die Macht*	*die Mächte*
Genitiv	*der Macht*	*der Mächte*
Dativ	*der Macht*	*den Mächten*
Akkusativ	*die Macht*	*die Mächte*

→ Neutrum

	Singular	Plural
Nominativ	*das Bild*	*die Bilder*
Genitiv	*des Bildes*	*der Bilder*
Dativ	*dem Bild*	*den Bildern*
Akkusativ	*das Bild*	*die Bilder*

Manchmal kann im Dativ Singular ein *-e* ergänzt werden. Das klingt zum Teil etwas gewählt, z. B. *im Kreise der Familie*, *in diesem Falle*, *im Bilde sein*.

DIE SCHWACHE DEKLINATION

Bei der schwachen Deklination wird an die maskulinen Nomen in allen Kasus außer dem Nominativ Singular die Endung *-n* bzw. *-en* angefügt. Die femininen Nomen sind im Singular endungslos, im Plural haben die Nomen in allen Kasus die Endung *-n* bzw. *-en*. Bei den neutralen Nomen gibt es keine schwache Deklination.

→ Maskulinum

	Singular	Plural
Nominativ	*der Name*	*die Namen*
Genitiv	*des Namen*	*der Namen*
Dativ	*dem Namen*	*den Namen*
Akkusativ	*den Namen*	*die Namen*

→ Femininum

	Singular	Plural
Nominativ	*die Flasche*	*die Flaschen*
Genitiv	*der Flasche*	*der Flaschen*
Dativ	*der Flasche*	*den Flaschen*
Akkusativ	*die Flasche*	*die Flaschen*

DIE GEMISCHTE DEKLINATION

Bei der gemischten Deklination werden die maskulinen und neutralen Nomen im Singular nach der starken Deklination dekliniert. Im Plural werden die maskulinen Nomen nach der schwachen Deklination dekliniert. Die neutralen Nomen haben im Plural in allen Kasus die Endung *-en*. Es gibt keine gemischte Deklination bei den femininen Nomen.

→ **Maskulinum**

	Singular	Plural
Nominativ	der Pantoffel	die Pantoffeln
Genitiv	des Pantoffels	der Pantoffeln
Dativ	dem Pantoffel	den Pantoffeln
Akkusativ	den Pantoffel	die Pantoffeln

→ **Neutrum**

	Singular	Plural
Nominativ	das Hemd	die Hemden
Genitiv	des Hemd(e)s	der Hemden
Dativ	dem Hemd	den Hemden
Akkusativ	das Hemd	die Hemden

Es kommt vor, dass in einem einzigen Satz alle Kasus vertreten sind: *Herr Müller* (Nominativ → wer oder was?) *hat das Haus* (Akkusativ → wen oder was?) *dem Sohn* (Dativ → wem?) *seiner Kollegin* (Genitiv → wessen?) *verkauft*.

Artikel

Der Artikel

Artikel begleiten Nomen und richten sich nach ihnen in Genus, Numerus und Kasus. Es gibt **bestimmte Artikel** (der, die, das ...) und **unbestimmte Artikel** (ein, eine, ...). Die Artikel stehen jeweils vor dem Nomen, auf das sie sich beziehen: *die Vase, ein Bericht*. Zwischen Artikel und Nomen können weitere Wörter eingefügt werden wie z. B.

> → Adjektive → *die **schöne** Vase, ein **langer** Bericht*
>
> → Zahlwörter → *die **fünf** Kinder, das **zehnte** Gebot*

Die Artikel stimmen in Genus (Geschlecht), Numerus (Einzahl/Mehrzahl) und Kasus (Fall) mit dem Nomen überein.
*Helena zieht ihrer Tochter **die Strümpfe** an.* → Maskulinum, Plural, Akkusativ
***Die Geschichten** sind spannend.* → Femininum, Plural, Nominativ
*Carlo isst **ein Brötchen**.* → Neutrum, Singular, Akkusativ
*Sie geben **der Polizistin** einen Hinweis.* → Femininum, Singular, Dativ

Der bestimmte Artikel

Man verwendet den bestimmten Artikel, wenn etwas bereits bekannt ist (*Der Witz ist gemein.*) oder nur einmal vorkommt (*der Rhein, der Kölner Dom*). Der bestimmte Artikel kommt auch bei der Bildung des Superlativs zum Einsatz: *die schönste Frau*, *das kleinste Buch*. Der bestimmte Artikel lautet für alle Nomen im Plural (Nominativ) *die*: *die Freunde, die Frauen, die Autos*.

→ der (Maskulinum)

	Singular	Plural
Nominativ	*der* Tisch	*die* Tische
Genitiv	*des* Tisches	*der* Tische
Dativ	*dem* Tisch	*den* Tischen
Akkusativ	*den* Tisch	*die* Tische

→ die (Femininum)

	Singular	Plural
Nominativ	*die* Tasse	*die* Tassen
Genitiv	*der* Tasse	*der* Tassen
Dativ	*der* Tasse	*den* Tassen
Akkusativ	*die* Tasse	*die* Tassen

→ das (Neutrum)

	Singular	Plural
Nominativ	*das* Bein	*die* Beine
Genitiv	*des* Bein(e)s	*der* Beine
Dativ	*dem* Bein	*den* Beinen
Akkusativ	*das* Bein	*die* Beine

Der unbestimmte Artikel

Der unbestimmte Artikel wird für etwas **Unbekanntes** oder etwas bislang **noch nicht Genanntes**, verwendet, z. B.: *Wir suchen einen Arzt. Er kauft ein Brot.* Den unbestimmten Artikel gibt es **nur im Singular**: *eine Kerze → Kerzen, ein Lied → Lieder. Wir zünden eine Kerze an./Wir zünden Kerzen an. – Peter singt ein Lied./Peter singt Lieder.*

➡ **ein (Maskulinum)**

Nominativ	*ein* Tag
Genitiv	*eines* Tag(e)s
Dativ	*einem* Tag
Akkusativ	*einen* Tag

➡ **eine (Femininum)**

Nominativ	*eine* Tomaten
Genitiv	*einer* Tomate
Dativ	*einer* Tomate
Akkusativ	*eine* Tomaten

➡ **ein (Neutrum)**

Nominativ	*ein* Spiel
Genitiv	*eines* Spiel(e)s
Dativ	*einem* Spiel
Akkusativ	*ein* Spiel

Das Fehlen des Artikels

Der Artikel kann aus verschiedenen Gründen fehlen. Am häufigsten fehlt er vor Nomen, die im Plural stehen, und zwar immer dann, wenn das Nomen unbestimmte bzw. unbekannte Dinge bezeichnet. Da es den **unbestimmten Artikel nicht im Plural** gibt, führen solche Nomen keinen Artikel (ø) mit sich.
Eine Mauer kann sehr hoch sein. → *ø Mauern können sehr hoch sein.*
*Die Kinder spielen **ein** Spiel.* → *Die Kinder spielen ø Spiele.*

Der Artikel entfällt auch, wenn das Nomen etwas bezeichnet, das man **nicht zählen** kann.
Sie isst gern ø Fleisch.
Der Hund schnappt nach ø Luft.

Der Artikel fehlt auch bei **Personennamen** und oft bei **geografischen Bezeichnungen**.
ø Carla hat ein neues Fahrrad.
Heute Nachmittag lernt ø Timo Französisch.
ø Neuseeland ist ein Paradies für Naturfreunde.
Die Hauptstadt von Kenia ist ø Nairobi.

Aber: Werden die Personennamen und geografischen Bezeichnungen näher bestimmt, wird der bestimmte Artikel gesetzt:
__Die kleine__ Carla hat ein neues Fahrrad.
*Heute Nachmittag lernt **der fleißige** Timo Französisch.*
__Das wunderschöne__ Neuseeland ist ein Paradies für Naturfreunde.
*Die Hauptstadt Kenias ist **das im Süden des Landes gelegene** Nairobi.*

Es gibt viele **feste Wendungen**, die ohne Artikel stehen.
Mut fassen, Stellung nehmen, Verdacht schöpfen
oder auch
mit Sack und Pack, gegen Ende, nach Ablauf von

Pronomen

Das Personalpronomen

Nomen können durch passende Personalpronomen (persönliche Fürwörter) ersetzt werden. Die Personalpronomen werden wie Nomen dekliniert.

		Nominativ	Dativ	Akkusativ
Singular	1. Person	ich	mir	mich
	2. Person	du	dir	dich
	3. Person	er/sie/es	ihm/ihr	ihn/sie/es
Plural	1. Person	wir	uns	uns
	2. Person	ihr	euch	euch
	3. Person	sie	ihnen	sie

Verwendungsbeispiele:
Der Pilot lenkt die Maschine. → **Er** lenkt die Maschine.
Der Chef gibt **den Mitarbeitern** einen Rat. → Der Chef gibt **ihnen** einen Rat.
Sophie malt **das Bild**. → Sophie malt **es**.
Leo ärgert **den Hund**. → Leo ärgert **ihn**.

In der 3. Person gibt es im Singular und Plural außerdem die **Höflichkeits-formen** Sie (Nominativ, Akkusativ) und **Ihnen** (Dativ) die immer großge-schrieben werden.

Im Genitiv werden die Personalpronomen heute kaum noch verwendet:
Wir erinnern uns **seiner** genau.
Er ist **ihrer** längst überdrüssig.

Durch den Einsatz von Personalpronomen lassen sich unschöne Wiederho-lungen vermeiden:
Carla gibt ihrem Hund einen Knochen. Anschließend geht Carla mit ihrem Hund eine Runde spazieren. → Carla gibt ihrem Hund einen Knochen. Anschließend geht **sie** mit **ihm** eine Runde spazieren.

Das Demonstrativpronomen

Die Demonstrativpronomen weisen ausdrücklich auf eine Sache oder eine Person hin. Sie werden darum auch *hinweisende Fürwörter* genannt. Ein Demonstrativpronomen kann das jeweilige Nomen begleiten, es steht dann vor dem Nomen. Man spricht in diesem Fall von der Funktion des **Begleiters:** *dieses Auto.* Es kann das Nomen aber auch ersetzen. Dann spricht man von der Funktion des **Stellvertreters:** *Welches Buch nimmst du? → Dieses hier.* Die Demonstrativpronomen stimmen in Kasus, Numerus und Genus mit ihrem Bezugswort überein. Die Pluralformen lauten für alle drei Geschlechter gleich.

➡ **Maskulinum**

	Nominativ	Genitiv	Dativ	Akkusativ
Singular	*dieser Mann*	*dieses Mannes*	*diesem Mann*	*diesen Mann*
Plural	*diese Männer*	*dieser Männer*	*diesen Männern*	*diese Männer*

➡ **Femininum**

	Nominativ	Genitiv	Dativ	Akkusativ
Singular	*diese Tür*	*dieser Tür*	*dieser Tür*	*diese Tür*
Plural	*diese Türen*	*dieser Türen*	*diesen Türen*	*diese Türen*

➡ **Neutrum**

	Nominativ	Genitiv	Dativ	Akkusativ
Singular	*dieses Auto*	*dieses Autos*	*diesem Auto*	*dieses Auto*
Plural	*diese Autos*	*dieser Autos*	*diesen Autos*	*diese Autos*

Neben *dieser, diese, dieses* gibt es noch eine Reihe weiterer Demonstrativpronomen:

→ **der, die, das**
Dieses Demonstrativpronomen ist unbetont und kann nur als Stellvertreter auftreten:
Sind das schöne Rosen! **Die** *hätte ich gern.*
Ich sehe, du hast da einen roten Stift. **Den** *leihe ich mir mal eben aus.*

Zur Verstärkung der hinweisenden Funktion kann *hier* und *da* ergänzt werden:
Kaufst du dir einen neuen Schläger? Ja, **den hier***.*
Wer hat die schönen Fotos gemacht? **Das da** *ist von mir.*

Das Demonstrativpronomen *der, die, das* ist identisch mit dem bestimmten Artikel. Da der bestimmte Artikel aber nie allein vorkommt, sondern immer zusammen mit dem Nomen auftritt, besteht keine Verwechslungsgefahr.

→ **derselbe, dieselbe, dasselbe**
Bei diesem Demonstrativpronomen handelt es sich um eine Zusammensetzung aus *der, die, das* und *selb*. Darum werden beide Teile einzeln flektiert, z. B. *die-selbe* oder *der-selben*.

Derselbe kann mit einer Präposition verschmelzen, z. B. wird *in dem* zu *im*: **in demselben Gebäude** → **im** *selben Gebäude*.

→ **jener, jene, jenes**

Dieses Demonstrativpronomen wird vor allem in der Schriftsprache verwendet. Es weist auf etwas hin, das sich (weit) entfernt vom Sprecher befindet. Diese Entfernung kann räumlich oder zeitlich gemeint sein.

Jene Gläser dort hinten sind aus echtem Kristall.
An jenem Tag fühlte er sich schon morgens unwohl.

Oft treten *jener, jene, jenes* zusammen mit *dieser, diese, dieses* auf.
Dieses Gemälde hier ist eine Kopie, jenes hingegen ist ein Original.

→ **derjenige, diejenige, dasjenige**

Auch hier handelt es sich um eine Zusammensetzung, und zwar aus *der, die, das* und *jenig*. Entsprechend werden beide Teile einzeln flektiert, z. B. *dem-jenigen* oder *des-jenigen*.

Das Pronomen weist in vielen Fällen auf einen Relativsatz hin, der noch folgt.
Diejenigen, die sich für ein Referat gemeldet haben, kommen bitte nach der Stunde noch kurz zu mir.
Derjenige, der das herausfindet, ist ein Genie.

→ **Bezug auf einen ganzen Satz**

Die Demonstrativbegleiter können sich auch auf einen ganzen Satz beziehen. Das heißt sie können z. B. einen Sachverhalt wieder aufgreifen, der vorher geschildert wurde.
Er hat mich nicht erkannt. Das ist merkwürdig.
Du kannst mit fünf Bällen jonglieren? Das glaube ich dir nicht!
Der Einbrecher war noch im Haus. Dessen war ich mir sicher.

Das Possessivpronomen

Die Possessivpronomen (*mein, dein, sein, ihr, unser, euer, ihr*) drücken ein Besitzverhältnis oder eine Zugehörigkeit aus. Sie werden darum auch *besitzanzeigende Fürwörter* genannt. Das Possessivpronomen kann als **Begleiter** verwendet werden. Es steht dann vor dem Nomen, auf das es sich bezieht: *mein Fahrrad.* Es kann das Nomen aber auch ersetzen. Dann ist es dessen **Stellvertreter:** *So ein teures Rad! **Meins** hat viel weniger gekostet.* Die Possessivpronomen stimmen in Kasus und Numerus mit ihrem Bezugswort überein. Die Pluralformen lauten für alle drei Geschlechter gleich.

➡ **Maskulinum am Beispiel** *mein*

	Nominativ	Genitiv	Dativ	Akkusativ
Singular	*mein Schirm*	*meines Schirms*	*meinem Schirm*	*meinen Schirm*
Plural	*meine Schirme*	*meiner Schirme*	*meinen Schirmen*	*meine Schirme*

➡ **Femininum am Beispiel** *mein*

	Nominativ	Genitiv	Dativ	Akkusativ
Singular	*meine Uhr*	*meiner Uhr*	*meiner Uhr*	*meine Uhr*
Plural	*meine Uhren*	*meiner Uhren*	*meinen Uhren*	*meine Uhren*

➡ **Neutrum am Beispiel** *mein*

	Nominativ	Genitiv	Dativ	Akkusativ
Singular	*mein Kind*	*meines Kindes*	*meinem Kind*	*mein Kind*
Plural	*meine Kinder*	*meiner Kinder*	*meinen Kindern*	*meine Kinder*

In der 3. Person gibt es im Singular und Plural außerdem die **Höflichkeitsformen** *Ihr, Ihres usw.*, die immer großgeschrieben werden. In der 3. Person Singular muss man unterscheiden, ob der Besitzer männlich oder weiblich ist, denn das entscheidet über das zu wählende Pronomen.
Jonas liebt **seinen** Hund und **seine** Katzen.
Maja liebt **ihren** Hund und **ihre** Katzen.

Das Relativpronomen

Das Relativpronomen leitet einen Relativsatz ein. Es bezieht sich auf ein Nomen oder Pronomen im übergeordneten Hauptsatz und stimmt in Genus und Numerus mit diesem Bezugswort überein:
*Der Käse, **den** du da isst, kommt aus Frankreich.*

Die gebräuchlichsten Relativpronomen sind *der*, *die*, *das*. Ihre Formen lauten genauso wie die des unbetonten Demonstrativpronomens.

		Maskulinum	Femininum	Neutrum
Singular	Nominativ	*der*	*die*	*das*
	Genitiv	*dessen*	*deren*	*dessen*
	Dativ	*dem*	*der*	*dem*
	Akkusativ	*den*	*die*	*das*
Plural	Nominativ	*die*		
	Genitiv	*deren*		
	Dativ	*denen*		
	Akkusativ	*die*		

*Hier findest du sicher einen Ring, **der** dir gefällt.*
*Das ist der Junge, **dessen** Vater ein Buch geschrieben hat.*
*Der Mann, **dem** das Auto gestohlen wurde, wohnt ganz in unserer Nähe.*
*Es gibt nicht viele Menschen, **denen** sie vertraut.*

Weitere Relativpronomen

Neben *der*, *die*, *das* gibt es noch *welcher*, *welche*, *welches* und *wer*, *was*.
*Das sind die Zeitschriften, **welche** ich schon gelesen habe.*
***Wer** zuletzt lacht, lacht am besten. Hier gibt es nichts, **was** es nicht gibt.*

Um festzustellen, ob es sich bei *der*, *die*, *das* um ein Demonstrativ- oder ein Relativpronomen handelt, versucht man *der*, *die*, *das* durch *welcher*, *welche*, *welches* zu ersetzen. Ist das möglich, liegt eindeutig ein Relativpronomen vor.

Das Reflexivpronomen

Die Reflexivpronomen werden auch *rückbezügliche Pronomen* genannt. Sie werden zusammen mit einem **reflexiven Verb** verwendet und beziehen sich immer auf die Person, die die Handlung ausführt. Das bedeutet, dass Subjekt und Objekt identisch sind. Ohne das Reflexivpronomen handelt es sich um zwei verschiedene Personen:

*Jonathan verkleidet **sich**.* → Wer wird verkleidet? → er selbst
Jonathan verkleidet seinen Bruder. → Wer wird verkleidet? → sein Bruder

Die Reflexivpronomen gibt es im Dativ und im Akkusativ.

		Dativ	Akkusativ
Singular	1. Person	*mir*	*mich*
	2. Person	*dir*	*dich*
	3. Person	*sich*	*sich*
Plural	1. Person	*uns*	*uns*
	2. Person	*euch*	*euch*
	3. Person	*sich*	*sich*

Dativ (wem?): *Ich gebe **mir** einen Ruck.*
Akkusativ (wen oder was?): *Er rettet **sich** aus dem untergehenden Boot.*

Das Reziprokpronomen

Es gibt neben den Reflexivpronomen das sogenannte Reziprokpronomen *einander*, das verwendet wird, wenn zwischen zwei Personen eine **wechselseitige Beziehung** besteht.
Sie reichten einander die Hand. → Er reicht ihr die Hand und sie reicht ihm die Hand.
Sie vertrauen einander. → Er vertraut ihr und sie vertraut ihm.

Wenn eine Präposition hinzukommt, wird sie mit dem Reziprokpronomen zu einem Wort verbunden.
*Die Schüler profitieren **voneinander**.*
*Lea und Felix gehen **miteinander**.*
*Sie hängen sehr **aneinander**.*

Die wechselseitige Beziehung kann auch durch das *Reflexiv*pronomen und die Ergänzung **gegenseitig** ausgedrückt werden.
Die Mädchen schminken sich gegenseitig.
Die Spieler faulten sich gegenseitig.

Fehlt die Ergänzung, ist der Satz oft missverständlich. Denn der Bezug ist nicht eindeutig.
Die Mädchen schminken sich. → Jede sich selbst oder die eine die andere?

Das Interrogativpronomen

Die Interrogativpronomen **wer, was, wessen, welche** usw. fragen nach Personen, Dingen und Sachverhalten. Sie können **eine direkte und eine indirekte Ergänzungsfrage** (siehe auch auf den Seiten „Der Fragesatz" und „Die indirekte Frage") einleiten.

➡ **direkte Ergänzungsfrage**
Wer kann mir helfen?
Was hast du da gemacht?
Wessen Füller ist das?

➡ **indirekte Ergänzungsfrage**
*Lina fragt, **wer** morgen mit ins Freibad kommt.*
*Meine Eltern möchten wissen, **welcher** Lehrer auf die Klassenfahrt fährt.*
*Ich frag mich, **was** das alles eigentlich soll.*

Das Interrogativpronomen kann als **Begleiter** des Nomens oder als dessen **Stellvertreter** verwendet werden.

➡ **Begleiter**
Wessen Idee war das denn?
Welche Hose würdest du denn nehmen?

➡ **Stellvertreter**
Wem haben wir diese Überraschung zu verdanken?
Welche würdest du nehmen (von den Hosen)?

Einige Interrogativpronomen können auch am **Anfang eines Ausrufesatzes** stehen:
Welch ein Zufall! Was für ein Talent!

Das Indefinitpronomen

Die Indefinitpronomen (unbestimmte Fürwörter) werden gebraucht, wenn Personen, Dinge oder Sachverhalte nicht genau bekannt sind oder nicht ausdrücklich genannt werden sollen.

Viele Indefinitpronomen können ein Nomen begleiten und es auch ersetzen, d. h. sie können als **Begleiter und Stellvertreter** auftreten. Die meisten sind veränderlich, sie richten sich in Kasus, Numerus und Genus nach dem Nomen, auf das sie sich beziehen. Einige (z. B. etwas) bleiben unverändert.

➡ *jeder, kein, irgendein, irgendwelche, manche, alle, alles, etwas, einige, mehrere*
*Wir können zwischen **mehreren Filmen** wählen.*
*Leg doch einfach **irgendeine CD** ein!*
*Er hatte so **manchen Ärger** mit seinem alten Auto.*
*Sieh mal, da ist **etwas** heruntergefallen.*
*Ich möchte bitte noch **etwas** Wasser.*

Einige Indefinitpronomen kommen **nur als Stellvertreter** vor.

➡ *man, irgendwer, (irgend)jemand, jedermann, niemand, nichts, irgendetwas*
***Man** sollte sich immer dem Wetter entsprechend kleiden.*
*Ich hab **nichts** gemacht!*
*Da stimmt doch **irgendetwas** nicht!*

Wenn das Indefinitpronomen als Begleiter eingesetzt wird, entfällt der Artikel vor dem Nomen. Man kann **nicht** sagen: *die mehreren Filme.*

Zahlwörter und Adjektive

Das Numerale

Die Numeralien bezeichnen eine Menge oder Zahl. Sie werden darum auch *Zahlwörter* genannt. Man unterscheidet zwischen bestimmten und unbestimmten Numeralien, je nachdem, ob die genaue Anzahl bekannt ist oder nicht.

Zu den **bestimmten Numeralien** zählen:

➡ **die Grundzahlen:** *eins, zwei, fünfzig, tausend …*
   *Die Firma hat **fünfzig** Mitarbeiter.*

➡ **die Ordnungszahlen:** *erster, zweiter, hundertster …*
   *Sie müssen an der **zweiten** Kreuzung rechts abbiegen.*

➡ **die Vervielfältigungszahlen:** *dreifach, fünffach, tausendmal …*
   *Für diesen Nachtisch benötigen wir die **dreifache** Menge Zucker.*

➡ **die Bruchzahlen:** *drittel, viertel, tausendstel …*
   *Die Zahl der Anmeldungen ist um ein **Drittel** gestiegen.*

Die wichtigsten **unbestimmten Numeralien** sind:

➡ *viel, wenig, mehr, einzelne, andere, verschiedene, zahlreiche, ein paar*
   *Finn hat uns nur **wenig** von seiner Reise erzählt.*
   *Ich habe **verschiedene** Leute getroffen.*
   *Mach doch bitte **ein paar** Fotos von uns!*

Wenn die Numeralien *erster, fünfter, dreifach, drittel* usw. als Nomen verwendet werden, müssen sie großgeschrieben werden.
um ein Fünffaches erhöht, ein Drittel weniger, der Erste sein

Das Adjektiv

Adjektive beschreiben Eigenschaften von Personen und Dingen. Sie werden darum auch *Eigenschaftswörter* genannt. Ein Adjektiv kann **attributiv** verwendet werden, dann steht es **vor einem Nomen** und stimmt mit diesem in Numerus, Genus und Kasus überein:
*Diese **langweilige** Sendung interessiert mich nicht.*
*Greta ist die Schwester des **kleinen** Jungen.*
*Er überreicht der **glücklichen** Siegerin einen Strauß Rosen.*

Ein Adjektiv kann auch **prädikativ** verwendet werden, dann ist es Teil des Prädikats und steht vor *sein, werden* oder *bleiben*. Das prädikative Adjektiv ist **unveränderlich:**
*Der Junge ist **klein**.*
*Die Nudeln werden **köstlich**.*
*Die Lage bleibt **schwierig**.*

Man unterscheidet bei den Adjektiven zwischen starker und schwacher Deklination

DAS ADJEKTIVADVERB

Die Adjektive können auch als Adverbien verwendet werden. Sie werden dafür nicht verändert, wie das z. B. im Englischen (slow**ly**) oder im Französischen (lente**ment**) der Fall ist.
*Der Wagen fährt **langsam** um die Kurve.*
*Er verlässt **leise** den Raum.*

.

DIE STARKE DEKLINATION

		Maskulinum	Femininum	Neutrum
Singular	Nominativ	lieber Mann	liebe Frau	liebes Kind
	Genitiv	lieben Mannes	lieber Frau	lieben Kindes
	Dativ	liebem Mann	lieber Frau	liebem Kind
	Akkusativ	lieben Mann	liebe Frau	liebes Kind
Plural	Nominativ	liebe Männer	liebe Frauen	liebe Kinder
	Genitiv	lieber Männer	lieber Frauen	lieber Kinder
	Dativ	lieben Männern	lieben Frauen	lieben Kindern
	Akkusativ	liebe Männer	liebe Frauen	liebe Kinder

Die Endungen für den Plural sind für alle drei Geschlechter gleich.
Das Adjektiv wird stark dekliniert, wenn:

➡ entweder gar kein Begleiter (ø) vorausgeht
*Das ist die Erfindung ø **schlauer** Physikschülerinnen.*
*Wir haben ø **kleine** Fische gefangen.*
*Frau Wendel hat ø **großes** Vertrauen in ihre Tochter.*

➡ oder der Begleiter endungslos ist.
*Manch ø **kleines** Kind hat Angst vor Hunden.*
*Ist das dein ø **kleiner** Bruder?*
*Das ist kein ø **guter** Anfang.*

DIE SCHWACHE DEKLINATION

		Maskulinum	Femininum	Neutrum
Singular	Nominativ	der kleine Turm	die kleine Burg	das kleine Tor
	Genitiv	des kleinen Turm	der kleinen Burg	des kleinen Tors
	Dativ	dem kleinen Turm	der kleinen Burg	dem kleinen Tor
	Akkusativ	den kleinen Turm	die kleine Burg	das kleine Tor
Plural	Nominativ	die kleinen Türme	die kleinen Burgen	die kleinen Tore
	Genitiv	der kleinen Türme	der kleinen Burgen	der kleinen Tore
	Dativ	den kleinen Türmen	den kleinen Burgen	den kleinen Toren
	Akkusativ	die kleinen Türme	die kleinen Burgen	die kleinen Tore

Im Plural ist die Endung immer *-en*.

Das Adjektiv wird schwach dekliniert, wenn der Begleiter eine Endung hat. Das trifft z. B. zu auf:

→ den Artikel
Sie machten eine **abenteuerliche** *Fahrt mit dem Boot.*

→ das Possessivpronomen
Er fährt das Auto seines **großen** *Bruders.*

→ das Demonstrativpronomen
Wo habt ihr diese **lustigen** *Kostüme gefunden?*

Die Steigerung der Adjektive

Adjektive kann man steigern. So können Sachen verglichen werden oder der Grad einer Eigenschaft wird verdeutlicht. Es gibt **drei Steigerungsstufen**:

➡ **der Positiv** (Grundform)

➡ **der Komparativ** (Vergleichsform bzw. 1. Steigerungsstufe)

➡ **der Superlativ** (Höchststufe bzw. 2. Steigerungsstufe)

klein → kleiner → kleinste
wichtig → wichtiger → wichtigste

DER POSITIV

Mit dem Positiv wird ausgedrückt, dass zwei Sachen oder Personen den gleichen Grad einer Eigenschaft aufweisen. Der Positiv hat keine eigene Endung. Das Vergleichswort lautet **(genau)so ... wie**.
*Tom ist **genauso frech wie** Paul. Carla ist **so schlau wie** Ben.*

DER KOMPARATIV

Mit dem Komparativ wird ausgedrückt, dass zwei Sachen oder Personen eine Eigenschaft unterschiedlich stark aufweisen. Die Endung lautet *-er*. Das Vergleichswort ist **als**.
*Finn ist **frecher als** Paul. Ben ist **schlauer als** Sophie.*

Bei einer Reihe kurzer Adjektive entsteht im Komparativ zusätzlich ein Umlaut: *alt → älter, groß → größer, warm → wärmer*

DER SUPERLATIV

Mit dem Superlativ wird ausgedrückt, dass eine Sache oder eine Person im Vergleich zu anderen den höchsten Grad einer Eigenschaft aufweist. Die Endung des Superlativs lautet *-(e)ste*. Der Superlativ tritt zusammen **mit dem bestimmten Artikel** auf.

*Anna hat **die schönste** Blume bekommen.*
*Ich mache **die leichteste** Aufgabe zuerst.*

Bezieht sich der Superlativ auf das Subjekt im Satz und tritt zusammen mit *sein*, *werden* oder *bleiben* auf (prädikativer Gebrauch) oder bezieht er sich auf ein Verb (adverbialer Gebrauch), lautet die Endung *-sten* und das Wort **am** wird vorangestellt.

*Unsere Klasse ist **am leisesten**.*
*Frieda schläft **am längsten**.*

Der Superlativ kann auch gebraucht werden, um einen *sehr* hohen Grad einer Eigenschaft auszudrücken, **ohne** dabei **zu vergleichen**. Man spricht dann vom **absoluten Superlativ** oder vom **Elativ**.

*Das tu ich mit dem **größten** Vergnügen!*
*Die Katze schreckt bei der **kleinsten** Berührung zusammen.*

Neben den regelmäßigen Formen gibt es einige unregelmäßige Formen, z. B.: *gut → besser → beste; viel → mehr → meiste*

Einige Adjektive sind aufgrund ihrer Bedeutung **nicht steigerbar**, weil

➡ die bezeichnete Eigenschaft sich nicht verändern kann, z. B.: *rechteckig*, *blind* oder *tot*

➡ das Adjektiv bereits den höchsten Grad einer Eigenschaft beinhaltet, z. B.: *optimal, perfekt* oder *einzigartig*

Adverbien

Das Adverb

Adverbien (Umstandswörter) beschreiben die Umstände eines Ereignisses oder einer Handlung genauer. Sie können an verschiedenen Positionen im Satz stehen, sie sind nicht veränderlich, können aber zum Teil wie die Adjektive gesteigert werden. Adverbien beziehen sich meistens auf ein Verb, können aber auch einen anderen Bezug haben.

→ Das Adverb bezieht sich auf das Verb:
*Anna **liest gern**. Der Hund **bellt vergebens**.*

→ Das Adverb bezieht sich auf ein Adjektiv:
*Er gibt sich **sehr große** Mühe.*

→ Das Adverb bezieht sich auf ein Nomen.
*Das **Konzert gestern** war super.*

→ Das Adverb bezieht sich auf ein weiteres Adverb:
*Der Lehrer ist **ziemlich oft** krank.*

→ Das Adverb bezieht sich auf einen ganzen Satz.
*Wir konnten **leider** nicht kommen.*

Die vier wichtigsten Gruppen von Adverbien sind: Lokaladverbien, Temporaladverbien, Modaladverbien und Kausaladverbien.

DAS LOKALADVERB

Das Lokaladverb gibt den **Ort** oder die **Richtung** an. Es kann durch die Fragen *wo?*, *wohin?* bzw. *woher?* ermittelt werden.
*Tom bleibt **hier**. **Wo** bleibt Tom? → Hier.*

Zur Gruppe der Lokaladverbien gehören u. a.:

- **Ort (wo?):** *hier, da, dort, oben, unten, hinten, vorn, links, rechts, überall, nirgendwo, draußen, drinnen, zu Hause*
- **Richtung (wohin?):** *(da)hin, dorthin, hinein, hinauf, hinab, hinunter, abwärts, aufwärts, seitwärts, weg, bergauf, bergab, geradeaus, hinaus*
- **Richtung (woher?):** *(da)her, dorther, herein, herauf, herab, herunter, heraus, herüber*

DAS TEMPORALADVERB

Das Temporaladverb gibt den **Zeitpunkt**, die **Zeitdauer** oder die **Häufigkeit** an. Es kann durch die Fragen *wann?, wie lange?* oder *wie oft?* ermittelt werden. *Wir gehen **morgen** schwimmen. **Wann** geht ihr schwimmen? → Morgen.*

Zur Gruppe der Temporaladverbien gehören u. a.:

- **Zeitpunkt (wann?):** *jetzt, gleich, sofort, dann, danach, nachher, später, eben, gerade, bald, neulich, früher, heute, morgen, übermorgen, gestern, vorgestern, morgens, vormittags, mittags, nachmittags, abends, nachts*
- **Zeitdauer (wie lange?):** *lange, immer, stets, nie(mals), noch, zeitlebens, tagsüber*
- **Häufigkeit (wie oft?):** *oft, manchmal, selten, dreimal, mehrmals, täglich, wöchentlich, morgens, mittags, abends, nachts, freitags*

DAS MODALADVERB

Das Modaladverb macht Angaben zur **Art und Weise** einer Handlung oder zeigt an, **wie intensiv, in welchem Ausmaß** etwas geschieht. Es kann meistens mit *wie?* erfragt werden.
*Der Teilnehmer verließ **eilends** den Saal. **Wie** verließ der Teilnehmer den Saal? → Eilends.*
*Das unschuldige Opfer wurde von den Terroristen **hinterrücks** erschossen. **Wie** wurde das unschuldige Opfer von den Terroristen erschossen? → Hinterrücks.*
*Die Kathedrale wurde bei dem Erdbeben **größtenteils** zerstört. **Wie sehr** wurde die Kathedrale bei dem Erdbeben zerstört? → Größtenteils/Zum größten Teil.*

Zur Gruppe der Modaladverbien gehören u. a.:

→ **Art und Weise (wie?):** *so, genauso, anders, dermaßen, folgender-maßen, eilends, kurzerhand, hinterrücks, blindlings, bäuchlings, kopfüber, unversehens, vergebens, versehentlich*

→ **Intensität (wie (sehr))?:** *sehr, ziemlich, halbwegs, einigermaßen, größtenteils, vollends, haufenweise, kaum, keineswegs, fast, beinah*

DAS KAUSALADVERB

Das Kausaladverb informiert vor allem über den **Grund** für eine Handlung oder ein Geschehen, verweist auf den **Zweck** bzw. die **Folge** der Handlung oder erklärt die **Bedingung**, unter der etwas geschehen kann. So lässt sich das Kausaladverb beispielsweise mit *warum?, wozu?* oder *in welchem Fall?* erfragen. Typische Endungen für Kausaladverbien sind *-halber* und *-wegen* bzw. *-etwegen*.

Er sagt den Termin **meinetwegen** *ab.* **Warum** *sagt er den Termin ab?* → *Meinet-wegen.*

Du solltest dich **anstandshalber** *bei ihr entschuldigen.* **Wozu** *sollst du dich bei ihr entschuldigen?* → *Anstandshalber/Um den Anstand zu wahren.*

Zu den Kausaladverbien zählen u. a.:

→ **Grund (warum?):** *darum, deshalb, deswegen, meinetwegen, seinetwegen, umständehalber, krankheitshalber*

→ **Zweck (wozu?):** *dazu, sicherheitshalber, höflichkeitshalber, anstands-halber*

→ **Folge (mit welcher Folge?):** *folglich, infolgedessen, demzufolge, demnach, also, somit*

→ **Bedingung (in welchem Fall?):** *andernfalls, notfalls, schlimmstenfalls, ansonsten*

Die Steigerung der Adverbien

Einige Adverbien lassen sich wie Adjektive steigern. Dabei weisen die Adverbien *oft* und *wohl* **regelmäßige Steigerungsformen** auf:

Grundform	*oft*	*wohl*
1. Steigerungsstufe	*öfter*	*wohler*
2. Steigerungsstufe	*am öftesten*	*am wohlsten*

Mein Sohn ist öfter krank.
Am wohlsten fühlen wir uns daheim.

Unregelmäßig gesteigert werden beispielsweise *gern* und *sehr*:

Grundform	*gern*	*sehr*
1. Steigerungsstufe	*lieber*	*mehr*
2. Steigerungsstufe	*am liebsten*	*am meisten*

Schokolade esse ich am liebsten.
Lea übt mehr (als ihr Bruder).

Einige Adverbien sind sogenannte **Superlativadverbien**. Sie geben einen **absoluten Superlativ** (Elativ) an, bei dem kein Vergleich, sondern ein Höchstmaß zum Ausdruck kommt. Zu diesen Adverbien zählen *bestens, schnellstens, höchstens*.
Der Innenminister ist bestens informiert.
Ich möchte mich schnellstens auf den Weg machen.

Präpositionen, Konjunktionen und Interjektionen

Die Präposition

Präpositionen (Verhältniswörter) drücken Verhältnisse und Beziehungen von Personen und Gegenständen im Satz aus. Sie sind unveränderlich und stehen in der Regel vor ihrem Bezugswort, das kann ein Nomen (mit oder ohne Artikel) oder auch ein Pronomen sein, z. B. *auf dem Tisch*, *ohne Seife*, *hinter dir*.

Die wichtigsten Präpositionen sind:

> ⇨ **lokale/örtliche Präpositionen** → in, auf, unter, neben, ohne ...
> *Die Katze sitzt **unter** dem Tisch.*
> *Ich wohne **neben** der Kirche.*
>
> ⇨ **temporale/zeitliche Präpositionen** → seit, vor, während, bis ...
> *Die Schüler lernen **während** des Unterrichts.*
> *Er schläft **bis** mittags.*
>
> ⇨ **modale Präpositionen/Präpositionen der Art und Weise** → mit, ohne, gegen, außer ...
> *Das Spiel findet **ohne** Zuschauer statt.*
> *Ich bin **gegen** Massentierhaltung.*
>
> ⇨ **kausale Präpositionen/Präpositionen des Grundes** → wegen, aufgrund, trotz, dank ...
> *Ich rufe **wegen** der Annonce an.*
> *Sie kann **aufgrund** ihrer Erkältung nicht am Unterricht teilnehmen.*

Die Kasuszuweisung der Präposition

Die Präposition bestimmt (regiert) den Kasus (Fall) des nachfolgenden Nomens oder Pronomens: *seit dem Unfall, während des Unfalls, mit dir, ohne dich*. Die meisten Präpositionen verlangen den Dativ, aber auch der Akkusativ und der Genitiv kommen vor.

➡ **Präpositionen mit Dativ** (Beispiele)

mit	*mit dem Zug*
von	*von der Auskunft*
nach	*nach dem Regen*
aus	*aus der Zeitung*
bei	*bei der Arbeit*
seit	*seit dem Streit*
zu	*zu dir*

➡ **Präpositionen mit Akkusativ** (Beispiele)

für	*für das Studium*
gegen	*gegen eine Tür*
bis	*bis letzte Woche*
durch	*durch den Tunnel*
ohne	*ohne mich*

➡ **Präpositionen mit Genitiv** (Beispiele)

dank	*dank seines Mutes*
statt	*statt einer Antwort*
während	*während des Gewitters*
trotz	*trotz der Krise*
aufgrund	*aufgrund der Tatsache*

WECHSELPRÄPOSITIONEN

Einige lokale Präpositionen wechseln den **Kasus je nach Bedeutung** des Satzes. Ist eine **Position oder ein Ort** (wo?) gemeint, so steht der **Dativ**. Gibt die Präposition Auskunft über eine **Richtung** (wohin?), so steht der **Akkusativ**.

*Jonathan ist mit seiner Mutter **in der** Stadt.* → wo? → Dativ
*Jonathan fährt mit seiner Mutter **in die** Stadt.* → wohin? → Akkusativ
*Die Busse halten heute **hinter der** Schule.* → wo? → Dativ
*Die Busse fahren heute **hinter die** Schule.* → wohin? → Akkusativ

Weitere lokale Präpositionen mit Kasuswechsel sind *auf, an, neben, vor, unter, zwischen.*

VERSCHMELZUNG VON PRÄPOSITION UND ARTIKEL

Einige kurze und häufig verwendete Präpositionen können mit dem nachfolgenden bestimmten Artikel verschmelzen, dazu gehören *in, an, zu, von* und *bei*.

> ➡ **in:** *in dem Haus* → **im** *Haus; in das Haus* → **ins** *Haus*
>
> ➡ **an:** *an dem Bildschirm* → **am** *Bildschirm; an das Handy* → **ans** *Handy*
>
> ➡ **zu:** *zu dem Friseur* → **zum** *Friseur; zu der Schule* → **zur** *Schule*
>
> ➡ **von:** *von dem Mitschüler* → **vom** *Mitschüler*
>
> ➡ **bei:** *bei dem Bäcker* → **beim** *Bäcker*

Die Konjunktion

Konjunktionen – auch Bindewörter genannt – verbinden Wörter, Wortgruppen und Sätze miteinander. Konjunktionen sind unveränderlich, d. h. sie zählen ebenso wie die Adverbien, die Präpositionen und die Interjektionen zu den Partikeln. Man unterscheidet zwischen **nebenordnenden** und **unterordnenden Konjunktionen**.

NEBENORDNENDE KONJUNKTIONEN

Die nebenordnenden (anreihenden) Konjunktionen verbinden gleichrangige Wörter und Sätze miteinander. Es gibt einteilige und mehrteilige nebenordnende Konjunktionen.

➡️ **einteilig:** *und, oder, aber, denn ...*

➡️ **mehrteilig:** *sowohl ... als auch, entweder ... oder*
*Du hast Recht **und** ich hab meine Ruhe.*
*Soll ich einen Hund malen **oder** eine Katze?*
*Felix schläft schon, **aber** Lisa ist immer noch wach.*
*Sie spricht **sowohl** Englisch **als auch** Spanisch.*

Das Komma bei *und* und *oder*

Verbinden *und* und *oder* gleichrangige Wörter oder Wortgruppen miteinander, so wird in der Regel kein Komma gesetzt. Verbinden sie Hauptsätze, so ist das Komma freigestellt.
*Das Verhältnis zwischen Vater **und** Sohn darf nicht belastet werden.*
*Du gehst jetzt mit dem Hund spazieren(,) **oder** ich werde richtig sauer.*

UNTERORDNENDE KONJUNKTIONEN

Die unterordnenden Konjunktionen verbinden Haupt- und Nebensätze miteinander. Man kann sie ihren Bedeutungen nach in verschiedene Gruppen einteilen.

- **kausal** (begründend): *weil, da*
- **temporal** (zeitlich): *während, als, sobald, seitdem*
- **lokal** (örtlich): *wo, wohin*
- **konditional** (bedingend): *wenn, falls*
- **modal** (Art und Weise): *indem, als ob*
- **konsekutiv** (Folge): *sodass, so ... dass*
- **final** (Zweck, Absicht): *damit, dass*
- **konzessiv** (einräumend): *obwohl, wenn ... auch*
- **adversativ** (Gegensatz): *während, wohingegen, anstatt dass*

***Seitdem** Herr Sonntag nicht mehr raucht, fühlt er sich viel besser.*
***Wenn** ich mich recht erinnere, kann Maja gar nicht schwimmen.*
*Du kannst deiner Mutter eine Freude machen, **indem** du den Rasen mähst.*
*Mir ist immer noch kalt, **obwohl** ich mir schon einen Pullover übergezogen habe.*

Das Komma bei den unterordnenden Konjunktionen
Da es sich bei den Sätzen, die die unterordnende Konjunktion verbindet, um einen Haupt- und einen Nebensatz handelt, muss ein Komma gesetzt werden. Denn zwischen Haupt- und Nebensatz steht *grundsätzlich* ein **Komma**.

Die Interjektion

Interjektionen sind Ausrufewörter, die wie die Adverbien, die Präpositionen und die Konjunktionen unveränderlich sind und zu den Partikeln gezählt werden. Interjektionen können verschiedene Funktionen erfüllen.

➡ Die Interjektion drückt eine **plötzliche Empfindung** aus.
Igitt, das stinkt ja furchtbar! → **Ekel**
Oh, das hätte ich gar nicht erwartet! → **Erstaunen**
Ach, wie schade! → **Bedauern**
Nanu, wer kommt denn da? → **Verwunderung**
Au, tut das weh! → **Schmerz**

➡ Die Interjektion ahmt einen **Tierlaut** oder ein **Geräusch** nach.
Miau! Mäh! Wau, wau! Kikeriki!
Platsch! Da landete sie im Wasser!
Peng! Da fiel der erste Schuss!
Paff – die Ohrfeige saß!

➡ Die Interjektion drückt eine **Aufforderung** aus.
Stopp! Keinen Schritt weiter!
Pst! Seid mal still!
Brr! Pferdchen, bleib stehen!

Satzglieder

Das Satzglied

Ein Satz besteht aus Satzgliedern. Dies sind Wörter oder Wortfolgen, die im Satz jeweils eine bestimmte inhaltliche Funktion ausüben. Die wichtigsten Satzglieder sind:

Subjekt – Prädikat – Objekt – Adverbial (adverbiale Bestimmung)

Subjekt	Prädikat	Objekt	Adverbial
Mein Vater	*bringt*	*das Rad*	*in den Keller.*

DIE UMSTELLPROBE

Um die Satzglieder eines Satzes zu bestimmen, führt man die sogenannte **Umstellprobe** durch. Dabei stellt man den Satz um, ohne jedoch seinen Sinn zu verändern. Was dann zusammenbleibt, ist jeweils ein Satzglied.

Mein Vater bringt das Rad in den Keller.

In den Keller bringt mein Vater das Rad.

Das Rad bringt mein Vater in den Keller.

Zwei Satzglieder genügen für einen vollständigen Satz, und zwar Subjekt und Prädikat.

Subjekt	Prädikat
Leander	*weint.*
Dein Kollege	*hat angerufen.*

Das Subjekt

Das Subjekt (Satzgegenstand) ist das Satzglied, das angibt, wer oder was etwas tut. Es steht **immer im Nominativ** und lässt sich mit der Frage **wer oder was?** ermitteln.

Das Subjekt hat sehr häufig die **erste Position** im Satz:
Die Katze springt auf den Baum.
Wer oder was springt auf den Baum? → Die Katze.

Das Subjekt kann aus einem oder mehreren Wörtern bestehen:
Paul macht seine Hausaufgaben.
Frau Senf mag lieber Ketchup.
Die kleinen Kinder spielen.

DIE ERSATZPROBE

Das mehrteilige Subjekt – und ebenso die anderen Satzglieder – lassen sich mithilfe der Ersatzprobe ermitteln. Was durch *ein* Wort ersetzt werden kann, gehört zusammen und bildet ein gemeinsames Satzglied.

Herr Schmidt und Frau Wagner arbeiten in demselben Büro.
→ *Sie* arbeiten in demselben Büro.

Mein Cousin und ich haben die gleichen Hobbys.
→ *Wir* haben die gleichen Hobbys.

Das Prädikat

Das Satzglied *Prädikat* ist der **Kern des Satzes**, die Satzaussage.

Es ist immer eine **Personalform des Verbs** und steht im Aussagesatz **an zweiter Stelle**:
*Herr Meier **repariert** unser Auto in seiner Werkstatt.*
*Um 10 Uhr **beginnt** die Feier.*
*Auf den Kanarischen Inseln **wachsen** viele Palmen.*

Handelt es sich um ein **mehrteiliges Prädikat**, so wird eine **Prädikatsklammer** gebildet. Das ist z. B. der Fall bei mehrteiligen Verben:

➡ *zuhören* → *Die Schüler **hören** aufmerksam **zu**.*
➡ *aufgeben* → *Der Spieler **gibt** enttäuscht **auf**.*

und den zusammengesetzten Zeitformen wie z. B.:

➡ Perfekt → *Meine Schwester **hat** einen Kuchen **gebacken**.*
➡ und Futur I → *Wir **werden** euch morgen **besuchen**.*

Im Fragesatz mit einer Entscheidungsfrage steht das Prädikat bzw. der erste Teil des Prädikats an erster Stelle im Satz.
***Ist** das Taxi schon da?*
***Hast** du die SMS von Lorenz gestern auch **bekommen**?*

Das Objekt

Das Satzglied *Objekt* kann ein **Akkusativobjekt**, ein **Dativobjekt** und manchmal auch ein **Genitivobjekt** sein, das heißt es steht entweder im Akkusativ, im Dativ oder im Genitiv.

Das Objekt kann ebenso wie das Subjekt aus mehreren Wörtern bestehen.
*Sophie ärgert **Jonas**.*
*Der Schüler hält **ein sehr interessantes Referat**.*

Das Akkusativobjekt lässt sich mit der Frage **wen oder was?** ermitteln.
*Frau Werner bestellt **zehn Torten**.*
***Wen oder was** bestellt Frau Werner? → Zehn Torten.*

Für das Dativobjekt lautet die Frage **wem?**
*Lotte schreibt **ihrem Freund** eine SMS.*
***Wem** schreibt Lotte eine SMS? → Ihrem Freund.*

Das Dativobjekt steht in der Regel vor dem Akkusativobjekt.
Rosa gibt Ben (Dativ) einen Kuss (Akkusativ).

Nach dem Genitivobjekt fragt man mit **wessen?**
*Der Koch rühmt sich **seiner Kochkünste**.*
***Wessen** rühmt sich der Koch? → Seiner Kochkünste.*

Eine Untergruppe der Akkusativ- und Dativobjekte sind die **Präpositionalobjekte**, bei denen zusätzlich eine Präposition steht.
*Ich glaube **an den lieben Gott**. (**an wen oder was?** → Akkusativobjekt)*
*Anna spricht **mit ihrem Hund**. (**mit wem?** → Dativobjekt)*

Das Adverbial

Das Adverbial – auch *adverbiale Bestimmung* genannt – ist das Satzglied, das **die Umstände** einer Handlung oder eines Geschehens beschreibt. Das kann die **Zeit**, den **Ort**, oder die **Art und Weise** betreffen. Man ermittelt das Adverbial z. B. mit den Fragen **wann?**, **wo?**, **wohin?**, **wie?** oder **auf welche Weise?** Geht es um die Angabe eines **Grundes**, so fragt man **warum?**

➡ **temporales Adverbial**
Am Freitag hatten wir schulfrei.
Wann hatten wir schulfrei? → Am Freitag.

➡ **lokales Adverbial**
Die Müllers fahren im Sommer **in die Berge***.*
Wohin fahren die Müllers im Sommer? → In die Berge.

➡ **modales Adverbial**
Er liest den Roman **mit Begeisterung***.*
Wie liest er den Roman? → Mit Begeisterung.

➡ **kausales Adverbial**
Wegen der großen Hitze gibt es heute eine Extraportion Eis.
Warum gibt es heute eine Extraportion Eis? → Wegen der großen Hitze.
Tina ist **aus reiner Neugier** *zu der Verabredung gegangen.*
Warum ist Tina zu der Verabredung gegangen? → Aus reiner Neugier.

➡ **Ein- und Mehrwort-Adverbiale**
Die Adverbiale können aus einem Wort oder mehreren Wörtern bestehen.
*Ich war **gestern** nicht in der Schule.*
*Das Motorrad ist **rechts** abgebogen.*
*Er kommt **nächsten Dienstag**.*
*Paul ist **vor lauter Wut** fast geplatzt.*
*Die Kinder trinken ihren Kakao **mit einem sehr langen Strohhalm**.*

➡ Bei mehrteiligen Adverbialen, die eine Tageszeit bezeichnen, wird der zweite Teil großgeschrieben.
*Wir fahren **heute Mittag** an den Strand.*
*Der Gast ist **gestern Abend** abgereist.*
*Die Besprechung ist für **morgen Nachmittag** angesetzt.*

Eine Ausnahme hierzu bildet *früh*, das sowohl groß- als auch klein-geschrieben werden darf: *morgen früh/Früh*.

➡ In einem Satz kann es mehrere Adverbiale geben.
*Wir sind **aus purer Langeweile** (Grund) **am letzten Freitag** (Zeit) **in den Zoo** (Ort) gegangen.*
*Die Band hat **gestern** (Zeit), **wegen des schlechten Wetters** (Grund) **in Köln** (Ort), **ganz enttäuscht** (Art und Weise) das Konzert abgesagt.*

Das Attribut

Das Attribut (Beifügung) bestimmt ein anderes Wort näher. Dieses Wort ist sein **Bezugswort**. Meistens handelt es sich dabei um ein Nomen. Das Attribut ist **kein eigenständiges Satzglied**, denn es tritt immer nur zusammen mit seinem Bezugswort auf, von dem es nicht getrennt werden darf. Das wird durch die **Umstellprobe** deutlich, bei der es immer **zusammen mit dem Bezugswort** verschoben wird.

*Gestern haben sie **eine laute Party** veranstaltet.*
*Veranstaltet haben sie gestern **eine laute Party**.*
***Eine laute Party** haben sie gestern veranstaltet.*
→ Die Wortfolge *eine laute Party* wird nicht getrennt. Es handelt sich um das Satzglied *Objekt.* Das Attribut *laute* ist Teil dieses Satzglieds.

Man unterscheidet verschiedene Kategorien von Attributen:

→ **das Adjektivattribut**
die **große** Uhr, das **schlechte** Gefühl, die **lauten** Geräusche

→ **das Genitivattribut**
der Ball **des Kindes**, die Farben **des Himmels**, das Auto **der Mutter**

→ **das Adverbialattribut**
das Spiel **gestern**, die Wand **rechts**, die Frau **dahinten**

→ **das Präpositionalattribut**
das Haus **auf der linken Seite**, die Stadt **mit den meisten Arbeitslosen**, die Bitte **um Genehmigung**

Ein Bezugswort kann auch **mehrere Attribute** haben, z. B.:
*das **spannende** Spiel **heute zwischen Schülern und Lehrern***

Die Apposition

Die Apposition ist eine **Sonderform des Attributs**. Sie steht hinter dem Bezugswort und wird von ihm durch ein Komma abgetrennt. Geht der Satz anschließend weiter, wird die Apposition in Kommas eingeschlossen.

*Luisa, **meine kleine Schwester**, wünscht sich ein Aquarium.*

Sätze

Der Aussagesatz

Die häufigste Satzart ist der Aussagesatz (Deklarativsatz). Mit ihm kann man einen **Sachverhalten schildern** oder eine **Information mitteilen**.

Im Aussagesatz steht das **Prädikat** immer **an zweiter Stelle**. Der Aussagesatz endet mit einem Punkt.
*Der Förster **fällt** eine Eiche.*
*Am Ende der Straße **steht** ein gelbes Haus.*
*Zitronen **sind** sauer.*

Bei mehrteiligen Prädikaten steht ein Teil des Prädikats an letzter Stelle im Satz.
*Lena **ruft** ihren Bruder **an**.*
*Wir **stellen** die Möbel **um**.*
*Der Schreiner **wird** den Stuhl **reparieren**.*
*Ich **muss** heute Nachmittag einen Kuchen **backen**.*

Durch ein einfaches Austauschen des Satzzeichens, kann man aus dem Aussagesatz einen Aufforderungssatz oder einen Fragesatz machen.
Sie werden jetzt zuhören!
Der Unterricht fällt aus?

Der verneinte Satz

Ein Satz lässt sich mithilfe der **Verneinungspartikel** *nicht* verneinen.
*Ich glaube dir **nicht**.*
*Der Kollege ist heute **nicht** zum Dienst erschienen.*
*Das Paket ist hier **nicht** angekommen.*

Auch einzelne Satzglieder können verneint werden.
*Ich habe **nichts** gesagt.*
*Die Schüler haben heute **keinen** Unterricht.*
*Du glaubst mir **nie**.*

Die Verneinung ist oft zweiteilig. Dadurch wird die Aussage präziser.
*Das Paket ist hier **noch nicht** angekommen.*
*Ich habe **noch nichts** gesagt.*
*Die Schüler haben heute **überhaupt keinen** Unterricht.*
*Du glaubst mir **nie mehr**.*

Die Verneinung kann auch durch Vorsilben (Präfixe) wie *un-*, *des-*, *in-* oder
miss- erzielt werden.
*Er hat **unsauber** gearbeitet. → Er hat **nicht sauber** gearbeitet.*
*Warum bist du so **desinteressiert**? → Warum **interessierst** du **dich nicht**?*
*Du bist **intolerant**. → Du bist **nicht tolerant**.*
*Das **missfällt** ihr sehr. → Das **gefällt** ihr **überhaupt nicht**.*

Der Fragesatz

Mit einem Fragesatz (Interrogativsatz) erfragt man etwas. Der Fragesatz endet immer mit einem Fragezeichen. Man unterscheidet zwischen **Entscheidungsfragen** und **Ergänzungsfragen**.

DIE ENTSCHEIDUNGSFRAGE

Auf eine Entscheidungsfrage kann man nur mit **ja** oder **nein** antworten. Das **Prädikat** steht bei der Entscheidungsfrage immer **an erster Stelle**. Ist das Prädikat mehrteilig, steht ein Teil des Prädikats am Satzende.

Geht ihr heute ins Freibad? → Ja./Nein.
Glaubst du an Gott? → Ja./Nein.
Hast du gut geschlafen? → Ja./Nein.

DIE ERGÄNZUNGSFRAGE

Auf eine Ergänzungsfrage muss man ausführlicher antworten als auf die Entscheidungsfrage, da der Fragende nach einer Einzelheit, nach etwas ganz Konkretem fragt. Die Ergänzungsfrage beginnt immer mit einem **Fragepronomen**, einem sogenannten *w*-Wort, z. B. *Wann ...?, Wer ...?, Wo ...?, Warum ...?* oder *Wie ...?*

Das **Prädikat** steht bei der Ergänzungsfrage immer **nach dem *w*-Wort**. Bei mehrteiligen Prädikaten steht ein Teil des Prädikats am Satzende.

Wann kommt der erste Schnee?
Wer ist das?
Wo gehst du hin?
Warum hat er mir nichts gesagt?

DIE INTONATIONSFRAGE

Bei der Intonationsfrage wird die Wortstellung des Aussagesatzes beibehalten. Der Sprecher ändert nur die **Betonung** (Intonation). Während der Aussagesatz gleichmäßig steigend und fallend betont wird, **steigt** die Betonung im Fragesatz bis zum Satzende hin immer weiter an.

Wenn die Intonationsfrage schriftlich vorkommt, erkennt man sie nur am Fragezeichen am Ende des Satzes.

Aussagesatz	Fragesatz
Lilly hat jetzt rote Haare.	*Lilly hat jetzt rote Haare?*
Die Bonbons sind von dir.	*Die Bonbons sind von dir?*

DIE RHETORISCHE FRAGE

Die rhetorische Frage ist keine Frage im eigentlichen Sinne, denn der Sprecher erwartet gar keine Antwort. Meistens will er nur seine **Empörung** zum Ausdruck bringen.
Bist du noch bei Verstand?
Ist das nicht eine Unverschämtheit?
Habe ich dir das nicht schon hundert Mal gesagt?

Der Sprecher kann seinem Gesprächspartner mit einer rhetorischen Frage auch seine **Meinung nahelegen**.
Sind wir nicht alle nur Menschen?
Wer steht schon gern um 5 Uhr auf?
Sind Sie etwa für die Abschaffung des Religionsunterrichts? (→ Betonung liegt auf Sie)

Der Aufforderungssatz

Mit einem Aufforderungssatz lassen sich **Befehle** und **Bitten** ausdrücken.

Das Prädikat steht im Imperativ (Befehlsform). Aufforderungssätze **beginnen immer mit dem Prädikat**. Am Ende des Aufforderungssatzes steht meistens ein Ausrufezeichen.

→ **Aufforderung als Bitte**
Helft mir bitte!
Mach bitte ein Foto von uns.

→ **Aufforderung als Befehl**
Gib mir sofort den Stift zurück!
Lasst uns nach Hause gehen!
Sag mir die Wahrheit!

DIE AUFFORDERUNG MIT FRAGESATZ

Um eine Bitte oder einen Befehl **freundlicher** klingen zu lassen, kann eine Frage formuliert werden.
Könnten Sie mir bitte helfen? statt *Helfen Sie mir bitte!*
Kannst du mal zu mir kommen? statt *Komm bitte zu mir!*

Eine **Aufforderung** kann auch **in verkürzter Form** formuliert werden, um entweder Zeit zu sparen oder mehr Wirkung zu erzielen.
Aufgepasst!
Schluss jetzt!
Sofort hinsetzen!

Der Ausrufesatz

Der Ausrufesatz (Exklamativsatz) dient dazu, einen Sachverhalt besonders stark zu **betonen**. Man formuliert einen Ausrufesatz, wenn man von etwas bewegt oder beeindruckt ist.

Der Ausrufesatz kann wie der Fragesatz (Ergänzungsfrage) mit einem Fragewort beginnen und endet mit einem Ausrufezeichen.
Was seid ihr doch schlaue Kinder!
Was haben wir nicht alles falsch gemacht!
Wie schön du heute wieder angezogen bist!

Der Ausrufesatz kann auch ohne Fragewort stehen.
Das ist ja unglaublich!
Sie sind vielleicht lustig!
Und ob ich Recht habe!

Der Wunschsatz

Mit dem Wunschsatz bringt man einen Wunsch zum Ausdruck, der entweder an einen Gesprächspartner gerichtet ist oder ganz allgemein geäußert wird. **Meistens** steht der Wunschsatz im **Konjunktiv**. Er endet mit einem Ausrufezeichen.
*Wenn ich doch nur noch mal jung **wäre**!*
***Hättest** du ihm das bloß nicht **verraten**!*
*Wenn doch endlich mal die Sonne **schiene**!*

Der Hauptsatz

Der Hauptsatz ist ein **selbstständiger Satz**. Er besteht aus **mindestens** zwei Satzgliedern, und zwar aus einem **Subjekt** und einem **Prädikat**.
Aaron träumt.

Das **Prädikat** steht im Hauptsatz **an zweiter Stelle**.
*Immer wieder **träumt** Aaron vom Fliegen.*

Ist das Prädikat mehrteilig, so steht ein Teil am Ende des Satzes. Das ist z. B. der Fall bei mehrteiligen Verben (aufstehen, abschalten) und bei den zusammengesetzten Zeitformen wie Perfekt oder Futur I.
*Greta **steht** immer um 6 Uhr **auf**.*
*Jasper **stellt** den Fernseher **ab**.*
*Wir **sind** mit dem Auto in die Stadt **gefahren**.*
*Ich **werde** dir morgen die Einladung **geben**.*

Es lassen sich **drei Arten von Hauptsätzen** unterscheiden, bei denen der Sprecher jeweils eine andere Absicht verfolgt: der Aussagesatz, der Aufforderungssatz und der Fragesatz. Mit dem Aussagesatz berichtet der Sprecher über einen Sachverhalt, mit dem Aufforderungssatz fordert er jemanden auf, etwas zu tun, und mit dem Fragesatz bittet er um bestimmte Informationen (siehe auch auf den Seiten „Der Aussagesatz", „Der Aufforderungssatz" und „Der Fragesatz").

→ **Aussagesatz**
Ich habe meinen Schlüssel verloren.

→ **Aufforderungssatz**
Übersetzen Sie mir das bitte!

→ **Fragesatz**
Hast du heute Nachmittag Zeit?

Der Nebensatz

Ein Nebensatz ist ein **nicht selbstständiger Satz**, das heißt er kann nicht allein stehen, sondern erfordert immer einen Hauptsatz.

Der Nebensatz wird **mit einer unterordnenden Konjunktion** (Bindewort) wie *weil*, *obwohl*, *dass*, *während* eingeleitet. Das **Prädikat** steht im Nebensatz immer **an letzter Stelle**. Zwischen Haupt- und Nebensatz wird **immer ein Komma** gesetzt.
*Du frierst, **weil** du keine Jacke **angezogen hast**.*
*Es regnet, **obwohl** die Sonne **scheint**.*
*Kasper ist sich sicher, **dass** morgen der Englischunterricht **ausfällt**.*

Der Nebensatz kann auch **mit einem Fragewort** wie *warum*, *wann*, *wo* oder mit dem Wort *ob* beginnen.
*Du fragst dich sicher, **warum** ich dir das erzähle.*
*Sie überlegen, **wann** sie die Nachtwanderung machen sollen.*
*Ich weiß nicht, **wo** mein Englischbuch ist.*
*Leo überlegt, **ob** er neue Stiefel braucht.*

Auch ein **Relativpronomen** kann den Nebensatz (der dann ein Relativsatz ist) einleiten:
*Er geht in das Restaurant, **das** ich ihm empfohlen habe.*
*Der Ball, **den** du mir geschenkt hast, ist super!*
*Meinem Vater gehört das Auto, **das** dahinten steht.*

Der Subjektsatz

Der Subjektsatz ist ein Nebensatz, der in einem Hauptsatz das Satzglied *Subjekt* ersetzt.

Durch die **Ersatzprobe** lässt sich prüfen, ob es sich tatsächlich um einen Subjektsatz handelt.
Dass er schlechte Laune hat, ist offensichtlich.
Ersatzprobe: ***Es/Diese Tatsache*** *ist offensichtlich.*
Wer oder was *ist offensichtlich?* → **Subjekt**
Wer warten möchte, muss eine Nummer ziehen.
Ersatzprobe: ***Er (derjenige, der warten möchte)*** *muss eine Nummer ziehen.*
Wer oder was *muss eine Nummer ziehen?* → **Subjekt**
Die Stifte durch die Gegend zu werfen, ist nicht in Ordnung.
Ersatzprobe: ***Das*** *ist nicht in Ordnung.*
Wer oder was *ist nicht in Ordnung?* → **Subjekt**

Steht der Subjektsatz erst *nach* dem Hauptsatz, so wird er oft durch das Pronomen *es* angekündigt.
Es *ist nicht gut, so viel Süßigkeiten zu essen.*

Den Subjektsatz findet man auch häufig in Sprichwörtern an:
Wer zuletzt lacht, lacht am besten.
Wer die Wahl hat, hat die Qual.
Wer den Pfennig nicht ehrt, ist des Talers nicht wert.
Wer nicht hören will, muss fühlen.

Der Objektsatz

Auch der Objektsatz ist ein Nebensatz. Er ersetzt das Satzglied *Objekt* des Hauptsatzes. Das Objekt kann dabei ein **Akkusativobjekt** oder ein **Präpositionalobjekt** sein.

Durch die **Ersatzprobe** lässt sich prüfen, ob es sich tatsächlich um einen Objektsatz handelt.
*Ich kann nicht glauben, **dass er das wirklich gesagt hat**.*
Ersatzprobe: *Ich kann **das/es** nicht glauben.*
***Wen oder was** kann ich nicht glauben?* → **Akkusativobjekt**
*Wir freuen uns sehr, **dass du uns besuchen kommst**.*
Ersatzprobe: *Wir freuen uns **darüber** sehr.*
***Worüber** freuen wir uns sehr?* → **Präpositionalobjekt**

Die **Nebensätze der indirekten Rede** sind ebenfalls Objektsätze.
*Jonas sagt, **dass er am liebsten Nudeln isst**.*
***Wen oder was** sagt Jonas?* → **Akkusativobjekt**
*Der Zeuge hat bestätigt, **dass das Fahrzeug zu schnell fuhr**.*
***Wen oder was** hat der Zeuge bestätigt?* → **Akkusativobjekt**

Auch der Objektsatz kommt in Sprichwörtern vor:
Was man nicht im Kopf hat, muss man in den Beinen haben.
Was du heute kannst besorgen, das verschiebe nicht auf morgen.

Der Adverbialsatz

Auch der Adverbialsatz ist ein Nebensatz. Er ersetzt das Satzglied *Adverbial* (adverbiale Bestimmung) des Hauptsatzes. Mit Adverbialsätzen können **die Umstände, unter denen etwas geschieht**, genauer beschrieben werden. Adverbialsätze lassen sich in verschiedene Kategorien einteilen:

DER TEMPORALSATZ

Der Temporalsatz macht **Angaben zur Zeit**. Er erläutert, **wann** oder **wie lange** das Geschehen des Hauptsatzes stattfindet oder stattgefunden hat. Eingeleitet werden Temporalsätze mit **wenn, während, sobald, als, nachdem, bevor, bis** ...
Wenn die Schneeglöckchen blühen, wird es bald Sommer.
Während Anna spielt, spricht ihre Mutter mit einer Freundin.
Das Baby weint, *sobald* ich es in sein Bettchen lege.
Du musst weiter üben, *bis* du es verstanden hast.

Das Geschehen im Nebensatz steht in einem **zeitlichen Verhältnis** zum Geschehen im Hauptsatz. Man unterscheidet drei Fälle: **Gleichzeitigkeit, Vorzeitigkeit** und **Nachzeitigkeit**.

→ **Gleichzeitigkeit**
Als Paula die Kerzen ausblies, stürzten sich alle Kinder auf den Kuchen.

→ **Nachzeitigkeit**
Bevor der Regen anfing, hatten wir das Zelt schon abgebaut. → Zuerst wird das Zelt abgebaut, **danach** regnet es.

→ **Vorzeitigkeit**
Meine Eltern kauften mir eine Gitarre, *nachdem* ich sie eine Woche lang damit genervt hatte. → **Zuerst** werden die Eltern genervt, dann wird die Gitarre gekauft.

DER LOKALSATZ

Der Lokalsatz macht **Angaben zum Ort** oder **zur Richtung**. Er gibt Antwort auf die Frage **wo?, wohin?** oder **woher?** Entsprechend werden die Lokalsätze mit **wo, wohin** und **woher** eingeleitet.
*Omas Dackel schläft da, **wo** sonst immer der Sessel stand.*
*Er segelt, **wohin** ihn der Wind treibt.*
*Sie kehren dorthin zurück, **woher** sie kamen.*

DER KAUSALSATZ

Der Kausalsatz macht **Angaben zum Grund**. Er erklärt, **warum** das Geschehen im Hauptsatz stattfindet oder stattgefunden hat. Eingeleitet werden Kausalsätze mit den Konjunktionen **weil** und **da**.
*Sie sperren die Straße, **weil** ein Baum gefällt werden muss.*
***Weil** mein Opa sich das Bein gebrochen hatte, konnten wir nicht in den Urlaub fahren.*
***Da** Selim gern liest, schenken wir ihm ein Buch.*

DER KONZESSIVSATZ

Der Konzessivsatz beschreibt eine **Einschränkung** zum Geschehen im Hauptsatz. Er erklärt, warum die Aussage im Hauptsatz *auch nicht* zutreffen könnte, warum die Handlung sozusagen gefährdet ist oder war. Eingeleitet werden Konzessivsätze mit den Konjunktionen **obwohl, obgleich** und **wenn ... auch**.
*Pia hat eine Eins geschrieben, **obwohl** sie kaum gelernt hat.*
***Obgleich** er zum ersten Mal auf einem Surfbrett stand, konnte er gut mit den anderen mithalten.*
*Ich werde mir den Rock kaufen, **wenn** er dir **auch** nicht gefällt.*

DER KONSEKUTIVSATZ

Der Konsekutivsatz macht **Angaben zu den Folgen und der Auswirkung**, die das Geschehen oder das Ereignis des Hauptsatzes hat. Der Konsekutivsatz gibt somit Antwort auf die Frage **mit welcher Folge?** Konsekutivsätze werden mit den Konjunktionen **sodass** und **so ... dass** eingeleitet.

*Finn hat ein Jahr in England verbracht, **sodass** er jetzt sehr gut Englisch spricht.*
*Du hast **so** hohes Fieber, **dass** wir nun doch besser zum Arzt gehen.*
*Carla ist **so** schnell geschwommen, **dass** sie jetzt ganz außer Atem ist.*

Wenn die Folge ausbleibt, d. h. das Geschehen im Hauptsatz eine bestimmte Auswirkung gerade *nicht* hat, verwendet man die Konjunktion **ohne dass**.
*Maja drehte sich ganz schnell im Kreis, **ohne dass** ihr schwindelig wurde.*
*Das Pferd trat aus, **ohne dass** jemand verletzt wurde.*

DER MODALSATZ

Der Modalsatz beschreibt die **Art und Weise** des Geschehens im Hauptsatz. Er gibt Antwort auf die Frage **wie?**, **auf welche Weise?** oder **wodurch?** Eingeleitet werden Modalsätze mit **indem, wobei, wodurch, als ob, wie ...**
*Sie bauten sich eine Brücke über den Bach, **indem** sie kleine Baumstämme aufeinander legten.*
*Die Kinder tanzten im Kreis, **wobei** sie sich an den Händen hielten.*
*Er kommandiert uns herum, **als ob** er der Chef wäre.*

DER FINALSATZ

Der Finalsatz macht **Angaben zum Zweck** und **Ziel** einer Handlung. Er erklärt die **Absicht**, die verfolgt wird. Finalsätze geben Antwort auf die Frage **warum?, wozu?** oder **mit welcher Absicht?** Eingeleitet werden sie mit **damit** und **dass**.

*Der Reiseleiter spricht Englisch, **damit** ihn alle verstehen.*
*Bringt bitte Papier und Stift mit, **damit** ihr euch Notizen machen könnt.*
*Lass uns noch Girlanden aufhängen, **dass** der Raum etwas bunter wird.*

Ist das Subjekt in Haupt- und Nebensatz dasselbe, wird der **Infinitiv** mit **um ... zu** bevorzugt.

*Opa ruht sich noch etwas aus, **um** nachher fit **zu sein**.*
*Die kleine Hannah setzt sich nach vorn, **um** besser sehen **zu können**.*

DER ADVERSATIVSATZ

Der Adversativsatz drückt einen **Gegensatz** zur Aussage des Hauptsatzes aus. Adversativsätze werden mit **während, wohingegen** und **(an)statt dass** eingeleitet.

*Paul mag Katzen, **während** Anna Hunde besser findet.*
*Ein Rennrad ist relativ leicht, **wohingegen** ein Mountainbike eher schwer ist.*
*Alle reden hier durcheinander, **statt dass** wir uns mal gegenseitig zuhören.*

Ist das Subjekt in Haupt- und Nebensatz dasselbe, wird der **Infinitiv** mit **(an)statt ... zu** bevorzugt.

*Timo sieht fern, **statt** seine Hausaufgaben **zu machen**.*
*Warum knetest du den Teig mit der Hand, **anstatt** den Mixer **zu benutzen**?*

DER KONDITIONALSATZ

Der Konditionalsatz gibt die **Bedingung** an, die erfüllt sein muss, damit das Geschehen im Hauptsatz möglich ist. Der Konditionalsatz wird darum auch **Bedingungssatz** genannt. Er gibt Antwort auf die Frage **wann?, unter welcher Bedingung/Voraussetzung**? Eingeleitet werden Konditionalsätze mit den Konjunktionen **wenn** und **falls**.

Falls du zum Bäcker gehst, kannst du mir bitte ein Brot mitbringen.
Wenn du nichts mehr von mir hörst, bleibt es bei dem Termin.
Wenn ich noch genug Stoff habe, kann ich dir ein Kostüm nähen.

Man unterscheidet **zwei Typen** von Konditionalsätzen: **den realen Konditionalsatz** und **den irrealen Konditionalsatz**.

→ **realer Konditionalsatz**
Im realen Konditionalsatz ist die **Bedingung erfüllbar**.
Wenn Lisa noch ein Tor schießt, kommt ihre Mannschaft ins Finale.
Wenn der Schnee liegen bleibt, bauen wir nachher einen Schneemann.
Falls ihr Lust habt, lese ich euch heute eine Geschichte vor.

→ **irrealer Konditionalsatz**
Im irrealen Konditionalsatz ist die **Bedingung nicht erfüllbar** bzw. nicht erfüllt worden. Irreale Konditionalsätze stehen im **Konjunktiv II**.
*Wenn das Pferd Flügel **hätte**, könnte es fliegen.*
*Wenn du nicht so egoistisch **wärst**, würdest du auch mal an uns denken.*
*Wenn wir mit dem Zug **gefahren wären**, hätten wir viel Zeit gespart.*

Vorsicht: Wenn kann auch temporal gemeint sein und leitet dann einen *Temporalsatz* ein. Ist es möglich *wenn* durch *unter der Bedingung, dass* zu ersetzen, handelt es sich tatsächlich um einen Konditionalsatz, andernfalls liegt ein Temporalsatz vor.

Wenn die Eltern einverstanden sind, melde ich mich beim Hockey an.
*Ich melde mich beim Hockey an, **unter der Bedingung, dass** meine Eltern (damit) einverstanden sind.* → **Konditionalsatz**
Ich mache eine richtige Party zu meinem Geburtstag, wenn ihr mir bei den Vorbereitungen helft.
*Ich mache eine richtige Party zu meinem Geburtstag, **unter der Bedingung, dass** ihr mir bei den Vorbereitungen helft.* → **Konditionalsatz**
Wenn der Wecker klingelt, musst du aufstehen. → **Temporalsatz**
Wenn es schneit, ist es in der Regel Winter. → **Temporalsatz**

Oft sind im Satz **beide Bedeutungen** enthalten, **Zeit und Bedingung**.
Wenn ich mein Geld wiederfinde, kaufe ich mir eine Fußballzeitschrift.
Wenn es regnet, spielen die Kinder im Haus.

Man kann die Konjunktion **wenn** auch weglassen. Die Personalform des Verbs steht dann an erster Stelle.
***Bist** du gelenkig genug, kannst du einen Spagat machen.*
***Wäre** Emma schon achtzehn, dürfte sie das selbst entscheiden.*
***Hätten** die Bremsen nicht versagt, wäre nichts passiert.*

Der Infinitivsatz

Ein Infinitivsatz ist ein **erweiterter Infinitiv mit *zu***. Die Erweiterung kann ein Objekt und eine adverbiale Bestimmung enthalten, aber kein Subjekt. Der Infinitivsatz ist ein verkürzter Nebensatz. Er kann verschiedene Satzglieder des Hauptsatzes ersetzen:

➡ **Ersatz des Subjekts**
   Einfach aufzugeben ist nicht seine Art.
   Ersatzprobe: ***Das** ist nicht seine Art.*
   Wer oder was *ist nicht seine Art?* → **Subjekt**

➡ **Ersatz des Objekts**
   Ich könnte mir gut vorstellen, einmal in den Bergen Urlaub zu machen.
   Ersatzprobe: ***Das** könnte ich mir gut vorstellen.*
   Wen oder was *könnte ich mir gut vorstellen?* → **Akkusativobjekt**

➡ **Ersatz des Adverbials** (adverbiale Bestimmung)
   Die Geschwister spielten den ganzen Tag, ohne sich auch nur einmal zu streiten.
   Ersatzprobe: *Die Geschwister spielten **so/auf diese Weise** den ganzen Tag.*
   Wie/auf welche Weise *spielten die Geschwister?* → **Adverbial**

Infinitivsätze zeichnen sich auch dadurch aus, dass das **Subjekt** im Infinitivsatz und im Hauptsatz **dasselbe** ist.
Er stellt sich den Wecker, um nicht zu verschlafen. → *... damit **er** nicht verschläft.*

Das **Komma** zwischen Infinitivsatz und Hauptsatz ist meistens **fakultativ**, das heißt, es *muss* nicht gesetzt werden.
In folgenden Fällen ist es jedoch **obligatorisch**, das heißt, es muss gesetzt werden:

→ wenn der Infinitivsatz mit **um, (an)statt, ohne, als** oder **außer** eingeleitet wird.
*Herr Werning geht zum Autohändler, **um** sich die neuesten Modelle anzusehen.*
*Ich singe lieber selbst, **anstatt** in eine Oper zu gehen.*
*Die Polizisten taten nichts, **außer** für die Sicherheit der Demostranten zu sorgen.*

→ wenn ein **hinweisendes Wort** wie es, **darum** oder **daran** den Infinitivsatz ankündigt.
***Es** macht mir nichts aus, mit dem Bus zu fahren.*
*Wir bemühen uns **darum**, allen gerecht zu werden.*
*Der Hausmeister hat nicht **daran** gedacht, die Lautsprecher zu prüfen.*

→ wenn der Infinitivsatz **von** einem **Nomen abhängt**.
*Hast du **Lust**, heute Nachmittag Schlittschuh laufen zu gehen?*
*Ihm gefällt **der Gedanke**, später einmal auf dem Land zu leben.*
*Wir hatten nicht **die Absicht**, euch beim Lernen zu stören.*

Der Partizipialsatz

So wie der Infinitivsatz ein erweiterter Infinitiv ist, ist der Partizipialsatz ein **erweitertes Partizip**. Auch hier kann die Erweiterung kein Subjekt enthalten. Bei dem Partizip kann es sich um das **Partizip I** (Partizip Präsens) und um das **Partizip II** (Partizip Perfekt) handeln.

> → **Partizip I**
> *Am Strand **liegend** machten sie Pläne für den Abend.*
> *Laut **lachend** ging der Mann davon.*
>
> → **Partizip II**
> *Von der Leistung des Sportlers **beeindruckt** nahmen sie ihn in ihr Team auf.*
> *Als Pirat **verkleidet** ging er später auf die Party.*

Der Partizipialsatz ist wie der Infinitivsatz ein verkürzter Nebensatz. Dieser Nebensatz kann beispielsweise ein **Relativsatz** oder ein **Kausalsatz** gewesen sein.
*Das Bild, **das im Museum gezeigt wird**, ist ein Vermögen wert.* → **Relativsatz**
Das im Museum gezeigte Bild ist ein Vermögen wert. → **Partizipialsatz** (Partizip II)
*Johanna kann sich nicht auf den Unterricht konzentrieren, **weil sie ständig an ihren Freund denkt**.* → **Kausalsatz**
Ständig an ihren Freund denkend kann sich Johanna nicht auf den Unterricht konzentrieren. → **Partizipialsatz** (Partizip I)

Das Subjekt des Partizipialsatzes ist in der Regel dasselbe wie im Hauptsatz:
Fröhlich pfeifend macht er sich an die Arbeit. → ***Er** pfeift und **er** macht sich an die Arbeit.*

Das **Komma** zwischen Partizipialsatz und Hauptsatz ist meistens **fakultativ**, das heißt, es *muss* nicht gesetzt werden.

In folgenden Fällen ist es jedoch **obligatorisch**, das heißt, es muss gesetzt werden:

> → wenn der Partizipialsatz mit dem Wort **so** wieder aufgenommen wird.
> *Fröhlich ihr Eis schleckend, **so** liefen sie über den Platz.*
>
> → wenn der Partizipialsatz so in den Hauptsatz eingeschoben wird, dass er direkt auf sein Bezugswort folgt. (In diesem Fall stehen zwei Komma, eins vor und eins nach dem Partizipialsatz.)
> *Das Mädchen, vor Wut kochend, rannte aus dem Raum.*
>
> → wenn der Partizipialsatz als Erläuterung ans Ende gestellt wird.
> *Sie fasste neuen Mut, von unseren Scherzen aufgeheitert.*

Es gibt **formelhafte Partizipialsätze**, die meistens ohne Komma stehen.
***Wie bereits erwähnt** bin ich Vegetarierin.*
***Davon abgesehen** ist die Besprechung sehr sachlich verlaufen.*
*Wir sind **wie gesagt** ganz Ihrer Meinung.*

Bei **längeren Partizipialsätzen** wird häufig ein Komma gesetzt, um das Lesen zu erleichtern.
Wilde Flüche ausstoßend und mit seinen großen Fäusten drohend, stieg der Mann schließlich in seinen Wagen und fuhr davon.

Der Attributsatz

Der Attributsatz ist ein Nebensatz, der einem Hauptsatz untergeordnet ist. Er steht **anstelle eines Attributs** (Beifügung). Der Attributsatz bezieht sich auf ein **Bezugswort im Hauptsatz** und beschreibt es näher. So wie das einzelne Attribut darf auch der Attributsatz nicht von seinem Bezugswort getrennt werden. Man erfragt Attributsätze mit **Welcher?, Was für ein?**

DER RELATIVSATZ ALS ATTRIBUTSATZ

Eine sehr gebräuchliche Form des Attributsatzes ist der **Relativsatz**. Er wird mit einem Relativpronomen wie *der, die, das, welcher, welche, welches* eingeleitet.
*Greta hat sich die Ohrringe gekauft, **die wir uns gestern angesehen haben**.*
→ Welche Ohrringe hat sie sich gekauft? Die Ohrringe, die wir uns gestern angesehen haben.
*Hier sehen sie das Schloss Versailles, **das ursprünglich als Jagdschloss für Ludwig XIII. gebaut wurde**.*
→ Was ist das für ein Schloss? Das Schloss, das ursprünglich als Jagdschloss für Ludwig XIII. gebaut wurde.

Der Relativsatz kann mit Kommas in den Hauptsatz eingeschoben werden oder auf diesen folgen:

> ▶ **eingeschobener Relativsatz**
> *Die Jeans, **die Oma mir geschenkt hat**, gefällt mir überhaupt nicht.*

> ▶ **nachgestellter Relativsatz**
> *Ich hab am Montag den Film gesehen, **den du mir so sehr empfohlen hattest**.*

DER INFINITIVSATZ ALS ATTRIBUTSATZ

Auch ein Infinitivsatz kann als Attributsatz gewertet werden und *innerhalb* oder *nach* dem Hauptsatz stehen.
*Ihre Idee, **in den Ferien eine Wanderung in den Bergen zu machen**, finde ich super!* → *Welche Idee?*
*Er lässt sich von seiner Entscheidung, **Mathematik zu studieren**, nicht mehr abbringen.* → *Welche Entscheidung?*
*Leonie freut sich sehr über unseren Vorschlag, **sie mit ins Theater zu nehmen.*** → *Was für ein Vorschlag?*

DER KONJUNKTIONALSATZ ALS ATTRIBUTSATZ

Ein weiterer Typ des Attributsatzes ist der mit ***dass*** eingeleitete Nebensatz.
*Deine Vermutung, **dass sie das Hallenbad jetzt ganz schließen**, hat sich leider bestätigt.* → *Was für eine Vermutung?*
*Peter hat die Hoffnung, **dass er mit seinen Geschichten später einmal berühmt wird**.* → *Welche Hoffnung?*

MEHRERE ATTRIBUTSÄTZE IN EINEM SATZ

Ein Satz kann auch **mehrere Attributsätze** beinhalten, z. B.:
*Sie telefonieren gerade mit Frau Martens, **die um diesen Anruf gebeten hatte und die Meinung vertritt*** (Bezugswort: Frau Martens), ***dass man immer gemeinsam eine Lösung suchen sollte*** (Bezugswort: Meinung).

Satzreihe, Satzgefüge und indirekte Rede

Die Satzreihe

Hauptsätze können miteinander verbunden werden. **Einen Satz, der aus zwei oder mehr Hauptsätzen besteht**, nennt man *Satzreihe*. Der Fachausdruck für die Satzreihe lautet *Parataxe*.

Es gibt zwei Möglichkeiten, Hauptsätze zu verbinden:

→ Die Hauptsätze werden **mit Komma(s)** aneinandergereiht.
Der Affe schaukelt, die Giraffe hält ein Mittagsschläfchen.
Oma kocht, Leon hört Musik, Bello schläft in seinem Körbchen.

→ Die Hauptsätze werden **mit nebenordnenden Konjunktionen** (Bindewörtern) wie *und*, *oder*, *aber*, *denn* verbunden.
*Der Affe schaukelt **und** die Giraffe hält ein Mittagsschläfchen.*
*Der Affe schaukelt, **aber** die Giraffe hält ein Mittagsschläfchen.*
*Oma kocht **und** Leon hört Musik **und** Bello schläft in seinem Körbchen.*

Wird zwischen den Hauptsätzen die Konjunktion *und* oder *oder* verwendet, braucht in der Regel kein Komma gesetzt zu werden.

Bei der entgegensetzenden Konjunktion *aber* muss das Komma jedoch stehen, ebenso bei der begründenden Konjunktion *denn*.
*Ich muss nachher noch in den Supermarkt, **denn** wir haben weder Käse noch Butter im Haus.*

Das Satzgefüge

Ein Satz, der aus mindestens einem **Haupt- und** einem **Nebensatz** besteht, bezeichnet man als **Satzgefüge**. Der Nebensatz wird dabei durch eine **unterordnende Konjunktion** (Bindewort) wie *weil, obwohl, dass, während* eingeleitet. Zwischen Haupt- und Nebensatz steht **immer ein Komma**. Der Nebensatz kann grundsätzlich **vor oder hinter** dem Hauptsatz stehen.
Während meine Mutter das Essen kocht, mache ich meine Hausaufgaben.
Ich mache meine Hausaufgaben, während meine Mutter das Essen kocht.

Der Nebensatz kann auch in den Hauptsatz eingeschlossen sein.
Ich mache, während meine Mutter das Essen kocht, die Hausaufgaben.

KOMPLEXE SATZGEFÜGE

Ein komplexes Satzgefüge besteht aus einem Hauptsatz **und** *mehreren* **Nebensätzen**. Man spricht dann vom Nebensatz 1. Grades, vom Nebensatz 2. Grades, vom Nebensatz 3. Grades usw.
Der Opa gibt Lisa 20 Euro, weil sie den grünen Pullover kaufen möchte, der ihr so gut steht.
Als Jana den Hund sah, der bellte, obwohl außer ihr niemand zu sehen war, rannte sie schnell davon.

Die indirekte Rede

Die indirekte Rede wird benutzt, um das, was jemand anderes sagt oder gesagt hat, wiederzugeben. Dabei wird in vielen Fällen der Konjunktiv verwendet.
*Der Richter sagt, dass die Zeugin sehr angespannt **sei**.*
*Leon verkündet, dass er bis Ostern keine Süßigkeit mehr **essen werde**.*

Bei der indirekten Rede entfallen der Doppelpunkt und die Anführungszeichen aus der direkten Rede. Die Redeeinleitungen *sie sagt*, *er behauptet* usw. werden durch Komma von der indirekten Rede getrennt.

> → **direkte Rede**
> *Finn sagt: „Die Jugendherberge in Bacharach ist sehr schön."*
>
> → **indirekte Rede**
> *Finn sagt, dass die Jugendherberge in Bacharach sehr schön sei.*

Die indirekte Rede beginnt mit der Konjunktion **dass**. Diese Konjunktion kann auch weggelassen werden, was vor allem in der gesprochenen Sprache häufig zu beobachten ist.
Leonie meint, dass sie eine gute Idee habe. → *Leonie meint, sie habe eine gute Idee.*

Aber: Wenn **dass** weggelassen wird, sollte auf jeden Fall der Konjunktiv stehen, damit die indirekte Rede noch deutlich als solche zu erkennen ist.

➡ **Indirekte Gedankenrede**

Man kann mit der indirekten Rede auch Gedanken o. Ä. wiedergeben. Die Redeeinleitungen lauten dann z. B. *sie denkt, er befürchtet*.

*Sie **denkt**, dass ihre Mannschaft noch nicht soweit sei.*

*Er **befürchtet**, dass er einen Fehler gemacht haben könne.*

➡ **Die Pronomen in der indirekten Rede**

Wenn man die Aussage eines anderen wiedergibt, wechselt automatisch die Perspektive. Das bewirkt, dass sich die Personalpronomen und die Possessivpronomen verändern.

*Er ruft: „**Ihr** seid dran!"*

*Er ruft, dass **wir** dran seien.*

*Der Politiker argumentiert: „**Meine** Partei steht geschlossen hinter **mir**".*

*Der Politiker argumentiert, dass **seine** Partei geschlossen hinter **ihm** stehe.*

➡ **Die Adverbiale in der indirekten Rede**

Steht die Redeeinleitung in der Vergangenheit (*er rief, sie sagte*), ändern sich in der Regel auch die Adverbiale, und zwar die adverbialen Bestimmungen der Zeit und des Ortes.

*Der Junge rief: „Ich gehe **hier** zur Schule!"*

*Er rief, dass er **dort** zur Schule gehe.*

*Sie sagte: „**Gestern** war schönes Wetter."*

*Sie sagte, dass **am Vortag** schönes Wetter gewesen sei.*

DIE ERSATZFORM MIT würde

Es gibt vor allem zwei Gründe, in der indirekten Rede statt des Konjunktivs die Ersatzform mit *würde* zu wählen:

→ Viele Formen des Indikativs und des Konjunktivs sind identisch. Man verwendet die *würde*-Form, um das Tempus der indirekten Rede zu verdeutlichen.
Die Lehrer behaupteten, dass sie es nur gut mit uns **meinten**.
Eindeutiger: → *Die Lehrer behaupteten, dass sie es nur gut mit uns* **meinen würden.**

→ Die Konjunktivformen klingen zu gewählt oder altmodisch.
Sie erzählte, dass der Jägerstand **brenne**.
Besser: → *Sie erzählte, dass der Jägerstand* **brennen würde**.

Die indirekte Frage

Auch das, was jemand anderes *gefragt* hat, kann indirekt wiedergegeben werden. Man spricht dann von der indirekten Frage. Ist die indirekte Frage eine Entscheidungsfrage (ja/nein), beginnt sie mit der Konjunktion *ob*. Ist die indirekte Frage eine Ergänzungsfrage, wird sie mit einem Fragewort einge-leitet. Das Fragezeichen aus der direkten Rede wird in der indirekten Rede zum Punkt.

Der Arzt fragte: „Sind Sie gegen Tetanus geimpft?"
*Der Arzt fragte mich, **ob** ich gegen Tetanus geimpft sei.*
„Was kann ich tun?"
*Sie wollte wissen, **was** sie tun könne.*

Register